KB064232

죽은 철학자의 살아 있는 위로

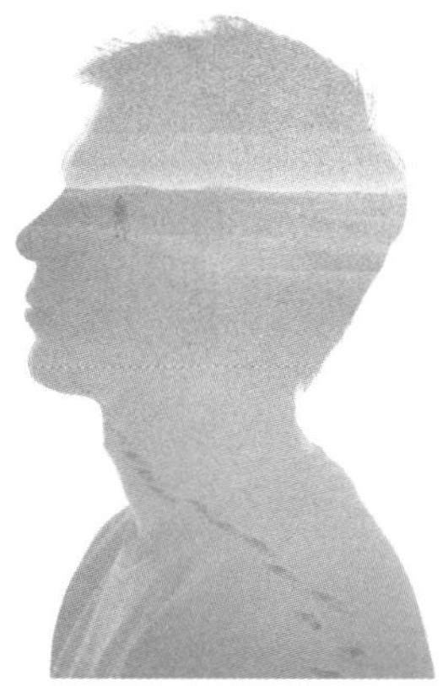

죽은 철학자의 살아 있는 위로

최훈
김시천
도승연
이은지
지음

교보문고

머리말

누구나 철학자가 되고, 철학은 힐링이 된다

힐링이 유행어인 시대이다. 누군가로부터 위로 받고 싶은 사람이 많다는 뜻일 것이다. 사실 누구라도 다른 사람에게 위로가 되어줄 수 있다. 상대를 묵묵히 지켜봐주기만 해도, 그의 말을 들어주기만 해도 치유가 된다. 여기에 철학도 한자리를 차지한다. '철학 상담' 또는 '철학 실천'이라고 부르는 영역이 그것이다.

덕분에 '철학 상담'이라는 이름을 단 책과 논문을 뒤져 봤지만 썩 만족스럽지 못했다. 이론만 가득해서 실질적인 도움이 되지 못하는 경우가 대부분이었다. 설사 도움이 되더라도 '철학자로서' 해주는 말은 아니었다.

그러던 차에 교보생명에서 운영하는 인문학 사이트인 '광화문에서 읽다 거닐다 느끼다'에서 「철학자의 편지」라는 칼럼 연재를 제안해 왔다. 사이트를 방문한 사람들이 직접 올린 생생한 고민을 나를 비롯한 세 명의 철학 교수가 특정 철학자의 이론을 바탕으로 해결해 주는 형식이었다. 나날의 삶에서 누구나 고민할 수 있는 문제를 편지 형식을 빌려 조금이라도 쉽고 편안하게 철학에 접근할 수 있도록 시도한 것이다. 이 책의 공저자 중 한 사람인 이은지 선생이 현학적이기 쉬운 철학자의 글을 대중적으로 교정해 준 것도 큰 몫을 했다.

'철학적' 상담을 명확히 규정하기는 어렵다. 이 책에 등장하는 철학자들의 수만큼 의견이 다르기 때문이다. 그러나 대체로 우리가 아무 반성 없이 받아들이는 믿음을 근본의 차원에서 또는 다른 관점에서 다시 생각해 본다는 공통점이 있다. 고민의 상당수는 고정관념을 근본적으로 바라보거나 새로운 각도에서 반성하면 해결할 수 있는 것이다. 이때 누구나 철학자가 되고 철학은 힐링이 된다.

한 가지 덧붙이고 싶은 말은 피터 싱어만은 이 책의 제목인《죽은 철학자의 살아 있는 위로》에 맞지 않는 유일한 철학자라는 사실이다. 현재도 왕성하게 활동하는 그에게는 크나큰 실례이지만 싱어의 연구 성과는 철학의 토대를 다진 선배 철학자들에 충분히 견주어볼 만하다는 생각에서 그의 위로를 요청한 것이니 너그러이 이해해 주길 바란다.

최훈

고민하는 삶에서 새로운 삶으로 나아가길

•

고민하지 않는 삶은 없다. 생각한다는 것은 걱정하는 것이고, 산다는 것은 곧 고민한다는 뜻이다. 본래 철학은 사적이고 개인적인 차원의 고민과는 상관이 없었다. 철학적 사유가 최초로 싹튼 고대 그리스에서 처음 했던 고민은 이 세계는 어떤 근원에서 비롯되었는가에 관한 것이었다. 동아시아 철학의 선구자라 할 수 있는 공자 또한 개인의 삶에 관한 사색보다 사회를 이끄는 통치자에 관해 고민했다. 이렇듯 철학의 역사는 개개인이 삶의 현장에서 부딪히는 문제가 아니라, 모두가 함께 고민하고 생각해야 할 '큰 물음'이 주류를 이뤘다. 우주와 자연, 인간과 사회라는 커다란 차원에 관한 연구가 그 결과다.

하지만 오늘날의 사람들은 삶을 살아가며 솟아나는 물음의 해답을 기존의 학문에서 찾기를 기대한다. 그들은 인간관계부터 자신의 성격이나 직장생활 등 다양한 삶의 영역에서 오는 고민에 관한 도움을 얻고자 인문학에 기댄다. 이 책에 실린 글 역시 편지의 형식을 빌려 그러한 기대에 부응하고자 쓴 것이다.

큰 물음에 관한 철학적 사유는 나름의 해결책을 추구하기 마련이다. 예컨대 인간이 이뤄야 할 공동체에 관해 말하기 위해 플라톤이 《국가》라는 책에서 '정의'의 이념을 제시하거나, 공자가 뛰어난 덕德을 지닌 군자君子가 공동체를 이끌어야 사회가 조화를 이룬다고 말한 것은 일종의 해결책이다. 하지만 개인의 다양한 삶에서 오는 물음은 이처럼 누구에게나 똑같이 답할 수 있는 일반화된 해답이 존재하지 않는다. 따라서 일상적이고 소소한 고민이지만 그들에게는 중요한 이 문제에 관한 철학자의 대답 또한 보편적일 수 없다. 대신 철학자들은 사람들의 물음에 명쾌한 대답 대신 진심어린 위로를 건네며 치유한다. 죽었지만 사상만은 영원히 살아 있는 철학자들의 이야기는 구체적인 해결이 되지는 못해도 우리의 생각과 행동을 변화시키고 새로운 삶을 살아가는 데 도움이 될 것이다.

평소 생각해 보지 못한 주제와 물음을 던져 고민의 기회를 준 사람들과 생각의 실마리를 풀어갈 단초를 열어준 공자와 노자 등 옛 선인들께 새삼 고맙다는 인사를 하고 싶다.

김시천

지금, 여기에서 삶의 가치를 다시 찾기를

•

《죽은 철학자의 살아 있는 위로》는 일상적이며 구체적인 우리의 고민을 동서고금 철학자들의 귀를 빌어 그 상처와 어려움을 경청하게 한다. 고민을 들은 철학자들이 건넨 답장에는 우리가 반드시 알아야 할 삶의 진리는 무엇이며 어떻게 살아야 하는가에 대한 묵직한 진실이 스며들어 있다. 하지만 우리의 현실과 과거 철학자들의 조언 사이를 걸으며 경험하는 철학적 진실은 의외로 소박했다. 아마도 누구나 가지고 있을 법한 일상적인 고민을 들어주는 철학자의 시선이 하늘 위의 것이나 땅 아래의 것이 아닌 이 세계를 살아가는 우리의 현실에 주목하고 있기 때문일 것이다.

'지금, 여기'를 살아가고 있는 한 인간의 삶이 위기에 처했을 때, 그 아득한 곳에서 다시 호명되기를 기다리는 이름과 사상이 있다. 그곳에는 누군가의 처진 어깨를 다독이고 무릎에 묻은 흙을 털어주며 다시 번쩍이는 눈으로 세상을 보라고 외치는 자들이 있었다. 그런 의미에서 이 책에 등장하는 이야기는 단편적인 사건에 대한 임시적인 위로의 글이 아니다. 죽은 철학자들의 조언은 절망 속의 우리에게 달콤한 위로를 건네 안주하게 만들기보다 현실의 돌부리를 직시하게 하여 넘어진 자를 세운다. 덕분에 우리는 스스로의 힘을 북돋워 새로운 삶의 방식을 창조할 자양분을 마련한다. 그리고 그 순간 비로소 살아 있는 자들의 구체적인 삶으로부터 역사 속 철학도 생생하게 살아 움직인다.

누군가는 죽은 자가 산자를 규정하는 것이 역사라고 했다. 그렇다면 죽은 자를 호명하여 그들을 불멸하게 하고 산 자를 다시 살 수 있게 하는 것, 그것은 우리가 잊고 있었던 철학의 힘이다. 진정한 철학의 실용성이라 부를 만한 이 힘은 구체적인 모순에서 드러나는 보편적인 이론의 힘을 통해 엄중한 현실을 깨닫게 할 것이다. 그리고 한 걸음 더 나아가 의미도 이유도 찾을 수 없었던 연약한 삶의 마디에서 자신의 가치를 말하게 할 것이다.

철학의 실용성을 보여주는 이야기를 통해 독자들이 불멸의 철학자들과 지금, 여기에서 함께하고 있다는 신비한 순간을 경험하기를 기대한다.

도승연

내 마음을 다듬어보는 시간

•

"걱정을 해서 걱정이 없어지면 걱정이 없겠네"라는 티베트 속담이 있다.

인생을 살다보니 직접 일을 겪어도 걱정이고, 누군가에게 들어도 걱정이고, 무심코 읽은 기사 한 줄에도 마음이 헛헛하다. 그럴 때마다 무작정 힘내라는 구호성 위로보다 내 마음을 잔잔하게 함께 들여다 볼 수 있는 멘토가 있었으면 했다.

분명 인간은 삶과 죽음, 그리고 시작과 끝을 알면서도 생을 이어나가야만 하는 애달픔을 지닌 존재들이다. 이는 인류의 역사가 탄생한 순간부터 변하지 않는 진리이다. 그렇기 때문에 인간은 필연적으로 비슷한 걱정을 공유해 왔다. 결국 오늘의 내 고민은 수천 년, 수백 년 전 누군가의 고민과 무척이나 닮아 있을 것이다. 다행스럽게도 그 고민을 함께 들여다보아줄 위대한 철학자들을 만나 우리는 시대를 초월한 따뜻한 위로를 받게 되었다.

처음 철학을 접했을 때만해도 나에겐 어려운 단어를 나열하는 고귀한 학문에 불과했다. 하지만 세 분의 교수님들과 함께 평범한 사람들의 평범한 고민을 풀어내는 과정에서 철학이란 인간의 가장 근원적인 걱정을 해결하기 위해 가장 낮은 곳에서 탄생한 학문이라는 생각을 가지게 되었다.

이 책에 실린 글을 다듬으면서 나도 모르는 사이에 내 마음을 다듬어보는 시간을 갖게 되었다. 덕분에 크고 작았던 고민들도 함께 정리되는 경험을 했다. 앞으로 더 많은 이들이 《죽은 철학자의 살아 있는 위로》를 통해 오늘 하루만큼은 크고 작은 걱정을 덜어내길 바란다.

이은지

차례

1장 · 관계에 지친 그대에게

2장 · 내 마음을 찾고 싶은 그대에게

3장 · 변화가 두려운 그대에게

1장

·

관계에 지친 그대에게

1

에피쿠로스

Epicouros

(BC 341 ~ BC 270년경)

◆

고대 그리스의 철학자

◆

관련 도서 및 문서

《쾌락》

「메노이케우스에게 보내는 편지」

「헤로도토스에게 보내는 편지」

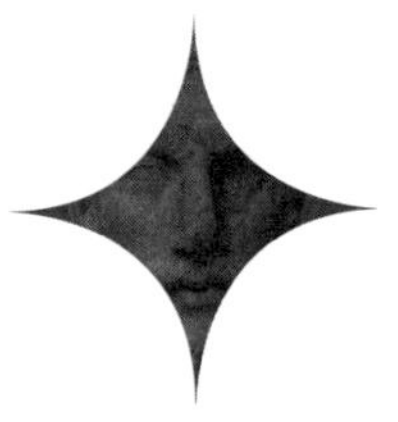

우리가 과연 함께할 수 있을까요?

영혼이 안녕한 에피쿠로스 씨,

안녕하세요.

결혼한 지 2년이 조금 넘은 30대 여성입니다. 남편과 행복에 대한 인생관이 달라서 고민이에요.

지난해 남편과 저는 드디어 큰마음 먹고 내 집을 마련했습니다. 물론 가진 돈이 부족해 은행에서 대출을 받아야 했습니다. 억대 금액을 빌렸으니 매월 이자와 원금을 갚지 않으면 안 되는 상황입니다. 평소 계산이 철저하고 꼼꼼하게 돈을 관리하는 남편은 빌린 돈을 모두 갚을 목표 기한부터 정해 놓더군요. 그리고 각자의 수입을 더해 매월 갚아야 할 금액을 우선적으로 빼고 남은 돈에서 생활비를 타이트하게 관리하고 있어요. 확실히 대출을 받기 전보다 생활이 빠듯한 게 느껴졌어요. 그러니 외식이 잦거나 경조사가 많은 달은 저절로 돈을 아끼게 되더군요.

달라진 생활방식이 아쉽기도 했지만 꿈에 바라던 우리 집을 갖기 위한 노력이니 괜찮다고 생각했어요. 하지만 가끔 돈과 관련해 남편과 의견이 달라 부딪칠 때면 너무 힘이 들어요. 1년이 넘도록 돈을 아끼겠다며 빠듯하게 생활하다 보니 점점 스트레스를 받는 일이 많았어요. 그럴 때 가족들과 여행이라도 다녀오면 조금 기분이 나아지지 않을까 싶어서 남편에게 이야기하면 "절대로 안 된다"고만 해요. 여행을 다녀오면 이달에 갚으려고 했던 돈에 차질이 생긴다며 어렵다는 겁니다. 몇 년 뒤에 빚을 다 갚으면 그때는 여유롭게 즐기며 살 수 있으니, 지금은 조금 힘들어도 참자는 거죠.

그런데 저는 남편과 생각이 달라요. 행복하게 살려고 내 집도 마련한 건데, 내일의 행복을 위해 오늘의 행복을 미루는 게 무슨 의미가 있나요? 그렇다고 제가 큰 비용을 들여서 해외여행을 가자는 것도 아니에요. 주말에 교외로 1박 2일 정도로 바람 좀 쐬고 오자는 거예요. 그동안 빚 갚느라 서로 고생했다고 토닥토닥 위로도 해주고 남은 빚도 열심히 갚자고 응원도 하고요. 화려한 여행이 아니라 이런 시간을 갖고 싶은 건데 이런 것조차 사치라고 하니 너무 답답해요.

누군가 '여행은 다리 떨릴 때 가는 게 아니라 심장이 떨릴 때 가는 것'이라고 하던데…. 남편 말처럼 정작 가고 싶을 때는 참다가 늙어서 가기 힘들 때 가는 게 진짜 여행일까요? 저는 남편의 말에 동의할 수 없어요. 그리고 빚을 모두 갚고 나면 과연 두 사람만의 여행이 지금처럼 간절할까요? 그때 가면 우리 부부는 행복할 수 있을까요?

여행만으로도 이렇게 생각이 서로 다른 우리 부부가 과연 쇠털처럼 많은 날을 함께 할 수 있을지 걱정이 돼요. 부부라는 이름으로 함께 살기 위해선 둘 중 한 사람이 자기 생각을 버려야 할 것 같기도 하고요. 벌써 이런 걱정이 드는 우리 두 사람은 어떻게 해야 할까요?

| 철학자의 답장 |

쾌락은 즐거운 것을 보태는 것보다, 고통스러운 것을 제거하는 데 있다네!

동반자와의 행복을 꿈꾸는 그대여,

이 세상에 행복해지고 싶은 사람은 너무도 많지만 행복하다고 생각하는 사람은 많지 않다네. 왜 그럴까? 그리고 행복하지 않다는 생각이 들 때는 어떻게 해야 할까? 답은 철학에 있다네. 철학은 우리의 욕망을 합리적으로 통제하는 일종의 해결사라 할 수 있지. 철학적으로 문제를 해결한다면 그대는 참다운 행복을 발견할 수 있을 것이네. 그런 점에서 그대가 나를 찾았다는 것은 현명한 선택이라 할 수 있겠군.

행복하다는 것은 무엇인가. 가장 단순하고 쉽게 말하면 즐겁다는 뜻이라네. 즐거움은 곧 쾌락이니, 행복은 쾌락과 같지. 그대가 사는 세상에서 나는 쾌락 전도사로 알려져 있을 것이네. 그동안 내가 "인생의 목적은 쾌락을 추구하는 것"이라고 말해왔기 때문이지. 나는 이 세상에 절대적인 선善도, 절대적인 악惡도 없다고 생각하네. 대신 쾌락으로 이끄는 생각과 행동이 있고, 반대로 우리를 고통으로 이끄는 생각과 행동만 있다고 생각하지. 그러니 결국 우리가 살아가는 이유는 쾌락을 추구하기 위함이네. 자, 쾌락과 고통 중 쾌락을 추구하지 않는 사람이 어디 있겠는가. 우리는 쾌락을 추구하며 살아간다는 사실을 솔직하게 인정해야 한다네.

그런데 내가 말한 쾌락이 후대에 잘못 전해져 있더군. 마치 무분별하고 방탕한 감각적인 쾌락이나 사치를 좇은 사람처럼 알려져 있다는 걸 알았네. 쾌락이라고 하면 가장 먼저 음주가무나 흥청망청, 난봉꾼, 문란함 등의 단어가 떠올라서일까? 마치 내가 예쁜 여자가 있는 맛집을 찾아다니면서 먹고 밤새 술을 마시며 노는 것을 찬미한 줄 아는 모양이네.

하지만 사실 나는 그 반대라네. 내가 말하는 쾌락은 먹고 마시고 놀고 즐기는 것이 아니라네. 우리 몸에 고통이 없고 영혼에 문제가 없는 상태를 말하는 것이지. 그런 쾌락을 얻기 위해서는 산해진미를 먹거나 밤새 술을 마시고 방탕하게 놀 필요가 전혀 없다네. 실제로 나는 빵과 올리브, 그리고 물만으로 소박한 밥상을 차렸고 축하할 일이 있을 때만 치즈 정도를 먹으며 생활했다네. 그러니 쾌락을 추구하라는 나의 말에 놀라거나 겁먹지 말게. 사실 쾌락적인 삶을 사는 건 아주 쉬우니 말일세.

내가 생각하는 '쾌락'이 무엇인지 좀 더 자세하게 설명하기 위해 쾌락을 세 가지 종류로 나눠보겠네. 우선 첫 번째는 '자연스러우면서도 꼭 필요한 쾌락'이라네. 가령 배고플 때 먹고 졸릴 때 자거나 추울 때 옷을 입고 땀을 흘리면 깨끗하게 씻는 그런 즐거움이지. 두 번째는 '자연스럽지만 꼭 필요하지는 않은 쾌락'이네. 배고플 때는 최고급 요리를 먹고 졸릴 때 호화 저택에서 잠을 잔다네. 그리고 추울 때는 동물의 가죽과 털로 만든 고급 드레스를 입고 반대로 땀을 흘리면 피부에 좋은 것들을 가득 넣은 욕조에 들어가 하녀들의 시중을 받으며 목욕을 하는 즐거움이랄까. 마지막으로 세 번째는 '자연스럽지도 않고 꼭 필요하지도 않은 쾌락'이지. 이는 즐거움보다는 명성과 권력을 얻기 위한 노력이라고 할 수 있네.

여기서 잠시 내가 그대에게 제안을 하나 하겠네. 이 편지는 그대에게 보내는 나의 답장이지만, 그대의 남편에게도 보여줬으면 좋겠네. 그대의 남편은 첫 번째와 두 번째 쾌락은 추구하고 있으나 세 번째 종류의 쾌락까지는 추구하는 것 같지 않기 때문이라네.

행복을 위해서 자연스럽고 꼭 필요한 쾌락만을 원한다면 그 사람은 분명 자신의 삶에 만족하고 즐거움을 느낄 것이네. 배고플 때 허기를 달랠 간단한 빵과 일에 지쳤을 때 기분을 전환할 수 있는 산책 정도로 충분하다면 말이지. 이는 쉽게 얻을 수 있는 것이니 그만큼 쉽게 만족감을 느낄 수 있지. 하지만 그 이상을 원한다면 즐거움을 느끼기 힘들다네. 두 가지 이유가 있는데 우선 만족이라는 감정을 얻기 어렵기 때문이지. 누구나 배고플 때 소고기를 먹을 수 있는 것은 아니지 않은가. 또 일이 힘들 때 그만두고 휴양지로 여행을 떠날 수 있는 것도 아니라네. 그러나 그것을 만족하지 못하면 괴롭다고 느낄 걸세. 즐거움을 느끼기 힘든 또 하나의 이유는 자연스럽고 꼭 필요한 것 이상의 쾌락은 또 다른 쾌락을 불러오기 때문이지. 평범한 음식을 먹던 사람이 고급 음식에 익숙해지면 점점 더욱 귀하고 사치스러운 음식을 찾게 되는 법. 즉 쾌락을 얻자마자 더 큰 쾌락을 원하게 되니 바로 궁핍해지고 만다네.

아마도 그대와 남편은 빚을 다 갚고 나면 또 다른 목표를 정할 것 같군. 그 순간부터 두 사람은 쾌락을 즐기는 것이 아니라 쾌락의 노예로 인생을 살아가는 것이네. 필요한 순간에 필요한 만큼만의 쾌락을 즐기지 못하고 점점 더 큰 쾌락을 좇는 게 바로 쾌락의 노예이기 때문이지.

나는 그대의 남편이 내 집을 갖기 위해 노력하는 것이 지나치게 큰 행복을 원하는 것이라고 생각하지 않네. 동시에 가족들과 여행을 하고 싶다는 그대의 꿈이 작은 행복이라고도 생각하지 않고. 하지만 두 가지 모두 필요 이상의 행복을 꿈꾸고 있다는 점에서 똑같은 꿈이라고 생각하네. 또한 그대와 남편 중 누가 옳고 누가 그른지 판단할 수 있는 문제가 아니라는 점도 공통점이라 볼 수 있지. 서로의 가치관이 같고 다름을 해결하려 해봤자 끝없는 분쟁만 부를 것이네. 그러니 그대와 남편의 생각 중 어느 것이 옳은지 혹은 어느 것이 현명한지 답을 찾으려 하지 않길 바라네.

그렇다면 그대와 남편이 행복해지는 방법은 무엇일까? 그대 부부는 손쉽게 얻을 수 있는 것들을 목표로 세우는 법을 배워야 한다네. 사람이 행복해지기 위해서는 그리 많은 것이 필요하지 않다는 것을 깨달아야 한다는 뜻이지. 누구든 춥거나 배고프고 잠을 잘 수 없으면 고통스럽지만 그대들은 지금 그런 상황이 아니지 않은가?

물론 행복하기 위해 필요한 것이 저마다 다르긴 하지. 그렇기 때문에 나는 그대에게 사고실험을 사용하길 추천하네. 사고실험이란 과학자처럼 시험관 같은 도구를 가지고 하는 실험이 아니라 머릿속으로 하는 실험을 말한다네. 몇 번이고 '이러면 어떨까', '저러면 어떨까' 하고 생각해 보는 것이지.

사고실험을 하려면 먼저 목표를 정해야 할 걸세. 그 다음에는 그것이 없어도 행복할 수 있는가와 반대로 그것이 있어도 불행할 수 있는가를 생각해 봐야 하지. 그대 역시 남편과 함께 이런 사고실험을 해 보기를 권하네.

그대의 남편은 두 사람이 행복하기 위해서는 큰 집이 필요하다고 생각하고 있지. 그런데 그대는 그것 때문에 희생해야 할 것이 너무도 많다고 여기면서 두 사람 사이에 문제가 발생한 것이고. 그렇다면 남편에게 이렇게 물어보는 건 어떤가?

"우리에게 큰 집이 생기지 않아도 여전히 행복할 수 있을까?"

과연 어떠할지 상상해 보자고 하는 것이지. 그대는 가족과 소박한 여행을 떠나는 것만으로도 행복이 충족될 것이라 여기고 있더군. 남편 역시 그런 그대와 함께라면 큰 집이 없어도 행복하다고 생각할 것이네. 그렇다면 이번에는 거꾸로 질문해 보게.

"우리에게 큰 집이 있어도 행복하지 않을 수 있을까?"

상상해 보게. 큰 집이 생겼지만 이미 나이가 들어 함께 여행을 떠나기 힘든 상황을 말일세. 그 상황이 결코 행복하다고 할 수는 없을 거야. 오히려 불행하다는 표현이 더 어울리겠지.

어떤가? 큰 집이 없어도 행복하고 있어도 행복하지 않다면…. 큰 집은 그대들이 행복하기 위해서 반드시 필요한 것은 아닐세. 그보다는 그곳이 어디든 가족과 함께 즐거운 시간을 보내는 것, 그것이 그대와 가족에게 자연스럽고 꼭 필요한 행복이라네. 그대의 남편은 합리적인 사람이니 '진정한 행복'에 관한 사고실험을 한다면 깨달음을 얻을 것이라 생각하네. 부디 두 사람이 행복하길 바라네.

아테네의 철학학원 정원에서 에피쿠로스가

에피쿠로스가 말하는 '행복'

에피쿠로스에게 행복이란 '쾌락이 있고 고통이 없는 상태'를 말한다. 에피쿠로스는 외부의 자극에 어떠한 감정적 동요나 혼란이 없는 마음의 평정을 아타락시아ataraxia라고 불렀다. 그리고 아타락시아가 곧 행복이며, 철학의 궁극적 목표라고 보았다. 즉 복잡한 속세로 인한 마음의 흔들림이 없고 정신적 평정을 이루며 단순하고 조용하게 사는 것을 행복으로 삼은 것이다.

물론 에피쿠로스는 기본이 되는 물질적인 요소는 갖추어야 한다고 생각했다. 배고플 때 먹을 음식과 추위를 피할 옷, 졸리면 잘 수 있는 오두막은 필요하다는 것이다. 그러나 이보다 높은 수준의 물질적인 요소를 가진다고 해서 우리의 쾌락이 그만큼 커지지는 않는다고 주장했다. 호화로운 음식과 값비싼 드레스, 하인이 딸린 대저택을 소유해도 쾌락이 계속해서 증가하지는 않는다는 것이다. 우리는 이 점에 주목해야 한다. 꼭 필요한 것이 없어서 고통스러운 상태만 벗어난다면 소박한 음식과 작은 오두막이라도 산해진미와 호화로운 저택 못지않은 쾌락을 느낄 수 있기 때문이다.

에피쿠로스는 욕망이 단순할수록 충족하기 쉽고 여기서 느끼는 쾌락이면 충분하다고 보았다. 그리고 이러한 쾌락에서 생기는 여유를 행복해지기 위해 꼭 필요한 것에 쓸 수 있다는 것이다. 그것은 바로 자유, 우정, 성찰 등이다. 에피쿠로스는 자신을 괴롭히는 여러 생각들로부터 자유로워지는 것을 행위의 자유로 연결한다면, 삶의 노예가 아닌 주인으로서 즐거움을 발견할 수 있다고 보았다. 또한 에피쿠로스는 “모든 우정은 그 자체로 바람직하다”라며 우정을 위해 모험을 해야 한다고 말했다. 친구들이 도와줄 것이라는 믿음이야말로 마음의 평정을 가져다준다는 것이다. 그는 우정을 성취하기 위해 자신의 정원에서 친구들과 함께 생활했다. 그리고 이 모든 것의 바탕이 되는 것이 바로 성찰이다. 죽음과 신에 대한 공포에서 벗어나고, 스스로 욕망의 주인이 되며, 자신이 누리는 환경과 조건에 감사하는 마음이 모두 깊은 성찰에서 나온다고 생각했다. 결국 에피쿠로스가 말하는 행복은 자유이며 우정이고 성찰인 셈이다.

합리적 쾌락의 전도사였던 에피쿠로스

“모든 욕망은 다음과 같은 질문을 받아야 한다. 내 욕망의 대상이 성취된다면 나에게 무슨 일이 생길까? 만약 성취되지 않는다면 무슨 일이 생길까?”

고대 그리스의 철학자였던 에피쿠로스는 지중해 동부의 에게 해에 있는 사모스 섬에서 태어났다. 이곳은 터키에서 2km밖에 떨어져 있지 않지만 그리스 땅이다. 사모스 섬 출신의 유명인은 철학자이자 수학자인 피타고라스Pythagoras와 《이솝 우화》로 유명한 이솝Aesop이 있다.

그는 가난한 아테네 시민 출신인 부모의 영향을 받아 교육을 받으러 아테네로 이주했다. 다른 사람의 눈에 띄지 않고 조용하면서도 개인적인 삶을 추구해야 한다고 생각했던 에피쿠로스는 지지자들과 함께 아테네 근교에 집을 짓고 철학 공동체를 이루고 살았다. 에피쿠로스학파의 중심이었던 그 공동체를 호케포스hokepos라고 불렀는데, 이는 '정원'이라는 뜻이다. 이곳에는 이런 글이 새겨진 표지판이 걸려 있다고 한다.

"낯선 자들이여, 여기 머무르십시오. 여기에서 최고의 선은 쾌락입니다."

공동체에는 여자와 노예도 있었다. 여자와 노예는 인간으로 취급하지 않던 당시로서는 꽤나 진보적인 공동체라고 볼 수 있다.

쾌락주의를 강조하고 실천했던 에피쿠로스학파는 감각적이고 방탕한 쾌락을 추구한다고 오해를 받았다. 먹고 마시고 토한 다음 또 먹고 마신다는 소문이 돌고 밤새 광란의 섹스 파티를 한다는 오해도 받았다. 그러나 그들은 금욕주의에 가까울 정도로 소박한 즐거움을 추구했던 합리적 쾌락주의자였다.

에피쿠로스는 수많은 책을 쓴 것으로 알려져 있지만 지금까지 전해져 내려오는 책은 거의 없으며 다른 사람들이 쓴 단편 형식의 글에 그의 말이 전해져 내려올 뿐이다. 특히 기원전 1세기경의 시인인 루크레티우스Lucretius의 철학 시 〈사물의 본성에 대하여〉가 전해져 오는데 이 시에 에피쿠로스의 사상이 담겨 있다.

2

아리스토텔레스

Aristoteles

(BC 384 ~ BC 322)

◆

고대 그리스의 철학자

◆

관련 도서

《니코마코스 윤리학》

《형이상학》

《정치학》

《시학》

보증을 서달라는 친구, 어떻게 할까요?

결코 한쪽으로 치우치지 않는다는 아리스토텔레스 씨,

안녕하세요.

저는 30대의 평범한 청년입니다.

저에게는 20년 지기 죽마고우가 있습니다. 어린 시절부터 알고 지내오면서 성격도 너무 잘 맞고 좋은 일, 안 좋은 일까지 모두 함께한 소중한 친구입니다.

얼마 전 이 친구가 할 말이 있다며 저를 불러내더군요. 그렇지 않아도 요즘 들어 사업이 힘들어졌다는 말을 들었던지라 위로도 해줄 겸 술 한잔 사겠다고 했습니다. 그런데 친구가 대뜸 저에게 보증 이야기를 꺼냈습니다. 그것도 제가 감당하기에는 꽤 큰 금액을 말이죠. 그 돈이 없으면 당장 집도 회사도 몽땅 날아가게 생겼다며 제 앞에서 눈물을 보였습니다. 20년 만에 처음 보는 친구의 눈물에 당황한 저는 그 자리에서 아무런 대답도 하지 못하고 생각할 시간을 달라고 했습니다. 친구와 헤어져 집으로 돌아가는 발걸음이 왜 그리도 무겁던지…. 마음이 아프더군요.

그런데 사실 친구가 사업을 운영하는 모습을 객관적으로 판단해 보면 예견된 결과가 아닌가 싶기도 합니다. 그동안 수익에 비해 투자가 너무 많아서 제가 조심하라고 조언한 게 한두 번이 아니거든요. 게다가 친구는 공적인 자금과 사적인 자금을 구별하지 못합니다. 너무 걱정돼 사업을 하려면 제일 먼저 돈 관리를 철저하게 해야 한다고도 했지만 좀처럼 고치질 못하더군요. 친구의 행동을 따져보면 제가 보증을 서면 저도 똑같이 망하겠다는 생각이 듭니다. 생각해 볼수록 거절하고 싶은 마음이 간절한데 오랜 시간 함께 해온 소중한 친구의 사정이 너무 딱하기도 해 괴롭습니다.

이러지도 저러지는 못하는 이 상황에서 저는 어떻게 해야 할까요? 답답한 마음에 아리스토텔레스 씨에게 편지를 써봅니다.

| 철학자의 답장 |

진정한 친구 사이에서 중요한 건 돈이 아니라네

친구 걱정으로 머릿속이 꽉 찬 젊은이여!

나에게 편지를 보내다니 정말 반갑구려. 사실 철학자 중에서 나만큼 우정에 관해 깊이 있는 논의를 한 사람은 없을 걸세. "친구란 두 개의 몸에 깃든 하나의 영혼"이라거나 "누구에게나 친구인 자는 어느 누구에게도 친구가 아니다"와 같은 말을 한 번쯤은 들어본 적 있을 걸세. 모두 내가 한 말이라네. 그러니 자네가 나를 찾은 건 아주 탁월한 선택일세.

흠흠, 내 자랑이 너무 많은 것 같지만 그래도 하나만 더 하자면 "제비 한 마리가 날아왔다고 해서 봄이 오는 것이 아니듯, 인간이 참으로 행복해지는 것도 하루 이틀 사이에 이루어지는 것이 아니다"라는 말도 했다네. 인간의 행동은 궁극적으로 행복을 목적으로 하지 않는가? 그 행복을 얻기 위해서는 우리의 삶 전체에 걸쳐 완전한 덕德을 실천해야 한다는 뜻이라네. 그런 사람이 되려면 우리가 가지고 있는 욕망이나 분노 같은 감정을 잘 다스리고 관리해야 하지. 그 감정이 넘치거나 모자라지 않는 중간 상태를 바로 '중용中庸'이라고 한다네. 즉 감정이 지나치거나 모자라면 악덕惡德이고 잘 다스려 최상의 상태로 만든 중용은 덕이라 할 수 있지. 여기서 내가 하고 싶은 말은 우정도 지나치거나 모자라면 악덕이 될 수 있다는 것이네.

그렇다면 넘치지도 모자라지도 않는 참다운 우정이란 무엇을 말하는 걸까? 내가 몇 가지 비유를 들어 설명해 주겠네.

첫째, 우정은 친구가 잘되기를 바라는 마음이지만 그 동기는 반드시 순수해야 하네. 예를 들어 포도주를 좋아하는 사람을 생각해 보게나. 그 사람은 포도주가 잘되기를 바라는 마음에서 포도주를 좋아하는 것일까? 전혀 아니지. 단지 잘 보존된 맛있는 포도주를 먹고 싶은 이기적인 마음에서 좋아하는 것이라네. 친구란 이렇게 나의 이익과 상관없이 순수한 마음으로 그에게 좋은 일이 있기를 바라는 것이지. 그래서 포도주 같은 무생물을 좋아하는 것을 우정이라고 하지 않고 애호라고 하는 걸세.

둘째, 친구가 잘되기를 바라는 마음은 일방적이지 않고 상호적이어야 한다네. 다시 말해서 나 혼자서만 그런 마음을 가져서는 안 되고 서로가 함께 가지고 있어야 하지. 앞서 말한 포도주 애호를 생각해 보게. 그 사람만 일방적으로 포도주가 잘되기를 바랄 뿐, 포도주도 그가 잘되기를 바라지는 않지 않은가. 포도주야 무생물이니까 그렇다지만 사람에 대해서도 일방적인 사랑, 그러니까 우리가 짝사랑이라고 부르는 것은 남이 잘되기를 바라는 마음인 것은 맞지만 우정이 아닌 선의일 뿐이라네.

셋째, 상대방이 잘되기를 바라는 마음을 서로가 알고 있어야 한다네. 사실 방금 말한 선의는 한 번도 만난 적이 없는 사람에게도 품을 수 있지 않은가? 예를 들어 오늘 길에서 마주친 미녀에게도 선의를 가질 수 있다네. 그러나 그런 미녀가 당신의 선의를 알 턱이 없지 않나? 그러니 그런 사람들은 당신을 친구라고 말하지 않고 그 사이에는 우정도 존재하지 않는 것이지.

어떤가? 우정이 무엇인지 정리가 좀 되었나? 간단하게 말하자면 서로가 순수한 의도로 상대방이 잘되기를 바라는 마음을 알고 있는 것을 우정이라고 한다네.

그렇다면 그대와 돈을 빌려달라는 친구는 정말로 우정을 나누고 있는 것일까? 일단 그대는 친구가 잘되기를 바라는 마음을 가지고 있지. 친구의 딱한 사정에 가슴 아파하고 거기에 그치지 않고 친구의 사정을 객관적인 눈으로 판단하기까지 하네. 수익에 비해 투자가 너무 많고 공적인 돈과 사적인 돈을 구별하지 못한다고 말일세. 그렇다면 지금 친구에게 보증을 서는 것은 그가 잘되기를 바라는 마음이 아닐 수 있다네. 지금 보증을 서지 않으면 친구의 집과 회사가 몽땅 날아갈지도 모르지만 보증을 서면 그것을 막지 못할 뿐만 아니라 그대의 재산까지 날아가게 될 테니까.

나는 분명 우정이란 친구가 잘되기를 바라는 마음이 일방적이지 않고 상호적이어야 한다고 말했네. 그대만 친구가 잘되기를 바라서는 안 되고 친구 역시 그대가 잘되기를 바라는 마음이 있어야 서로 간에 우정이 존재하는 걸세. 그렇다면 친구는 그대의 재산까지 날아가는 것을 바라고 있는가? 아마 그러지 않을 걸세. 그래서 자네는 우선 친구에게 지금 진행하려는 사업이 얼마나 위험한지 알려줄 필요가 있다네. 그리고 그것이 곧 서로가 잘되기를 바라는 마음에서 우러나온 것이라는 것을 보여줘야 하네.

나는 우정의 종류를 이익 때문에 성립한 우정, 즐거움 때문에 성립한 우정, 좋음 때문에 성립한 우정의 세 가지로 나누었지. 이익 때문에 성립한 우정은 서로를 그 자체로 사랑하는 것이 아니라 자신의 이득을 위해 사랑하는 것이네. 마찬가지로 즐거움 때문에 성립한 우정도 상대가 즐거움을 주기 때문에 사랑하는 것이지. 유익함이나 즐거움 때문에 성립한 우정은 오래가지 못하네. 그런 이유들이 사라지면 더 이상 사랑할 필요가 없기 때문이지.

가장 완전한 우정은 서로가 그 자체로 좋기 때문에 잘되기를 바라

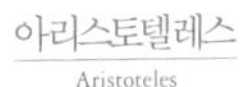

는 우정이네. 이런 관계야말로 오래 지속할 수 있네. 만약 그대가 보증을 서지 않았다고 해서 친구가 그대를 유익하지 않다고 생각하게 되고, 그 결과 두 사람 사이가 멀어진다면 이를 진정한 우정이라고 말할 수 있겠는가? 또 친구가 어려움에 처했기 때문에 친구와 같이 있어도 더 이상 즐겁지 않다고 생각해서 멀어진다면 이것 또한 진정한 우정이라고 말할 수 있겠는가? 아닐세. 물론 유익함 때문이나 즐거움 때문에 사귀는 친구를 친구가 아니라고 말할 수는 없지만 과연 진정한 우정을 나누는 것인지 생각해 봐야 할 걸세.

이보게, 우정을 운운하면서 친구의 급박함을 모른 체한다면 상대는 그대를 야박하게 생각할 걸세. 그렇다면 무리하게 보증을 서는 대신에 그대가 도울 수 있는 만큼의 성의를 보이는 건 어떠한가? 되돌려 받지 않아도 될 만큼의 돈을 주게나. 그 돈으로 부족하다면 다른 친구들에게 사정을 이야기하고 모금을 하는 것도 방법이겠지. 그대가 이런 노력을 친구에게 보인다면 이 모든 행동이 친구가 잘되기를 바라는 마음, 그러니까 진정한 우정에서 나온 것임이 충분히 전달될 것이네. 진정한 친구라면 부디 모르는 척하지 말게. 그렇다고 과하게 나서지도 말게나. 그저 자네의 능력 안에서 최선을 다해 마음으로 도와주게. 그것이 친구가 진짜 그대에게 바라는 도움일 걸세.

아테네의 리케이온에서 아리스토텔레스가

아리스토텔레스가 말하는 '진정한 우정'

일상적 삶에서 찾을 수 있는 나머지 즐거운 일에 관련해서, 마땅한 방식으로 즐거운 사람은 우애가 있는 사람이요, 그 중용은 필리아philia이다. 이에 반해 이런 면에서 지나친 사람은 만일 아무 목적이 없으면 비굴한 사람이고, 만일 자기 자신의 이익을 추구하고 있으면 아첨꾼이다. 그리고 이 방면에서 모자라서 어떤 상황에서나 불쾌한 사람은 일종의 싸움꾼이요, 심보가 고약한 사람이다.

《니코마코스 윤리학》

아리스토텔레스의 우정에 대한 논의는 그의 저서인 《니코마코스 윤리학》에 등장한다. 우정에 해당하는 그리스어는 필리아philia인데, 이것은 정확히 말하면 친구 사이의 사랑만을 말하는 것이 아니다. 부부 사이, 스승과 제자 사이, 선후배 사이, 더 나아가 동포애까지 포함하는 넓은 의미다. 다만 순간적인 감정이 아니라 상당한 시간이 지속하면서 형성되는 친밀함을 가리킨다.

아리스토텔레스는 필리아에는 순수성, 상호성, 인지성의 세 가지 계기가 필요하다고 정의한다. 곧 순수한 마음으로 친구가 잘되기를 바라며, 잘되기를 바라는 마음은 일방적이지 않고 쌍방적이며, 필리아가 서로에게 알려져 있어야 한다는 것이다.

한편 아리스토텔레스는 사랑할 만한 것이 좋음, 즐거움, 유익의 세 가지로 구분된다고 보았다. 필리아의 종류 역시 좋음을 이유로 성립하는 필리아, 즐거움을 이유로 성립하는 필리아, 유익을 이유로 성립하는 필리아로 구분한다. 이 중 즐거움과 유익은 쉽게 변하는 것이기 때문에 그것을 이유로 성립하는 필리아도 쉽게 해체된다고 주장한다. 결국 그가 말하는 진정한 우정이란 순수성과 상호성, 인지성의 세 가지 계기를 가진 필리아 중에서도 좋음을 이유로 성립한 것을 뜻한다.

방대한 학문을 이룩한 철학자, 아리스토텔레스

"우정은 두 개의 몸에 깃든 하나의 영혼이다."

아리스토텔레스는 그리스 북부의 마케도니아에서 태어나 그리스에서 활동한 철학자다. 그는 플라톤Platon의 제자로 플라톤이 설립한 아카데미아에서 공부했다. 그는 마케도니아의 알렉산드로스Alexandros 대왕의 스승으로도 유명하다.

아리스토텔레스는 스승 플라톤이 죽은 뒤 아카데미아에서 나와 아테네에 삶과 연구의 공동체이자 교육기관을 세웠다. 리케이온이라고 부르는 이곳에서 남은 생의 대부분을 보냈다. 리케이온은 학자들이 산책로를 거닐며 토론하는 습관이 있어서 '소유학파'라는 이름이 붙기도 했다.

오늘날까지 전해지는 아리스토텔레스의 학문은 방대한 것으로 유명하다. 논리학, 윤리학, 형이상학 등 철학의 체계를 세웠을 뿐만 아니라 생물학, 수사학, 시학 등의 분야에서도 현대에까지 영향을 끼치는 중요한 연구 성과를 내놓았다.

3

공자

孔子

(BC 551 ~ BC 479)

◆

중국 춘추전국시대의 사상가

◆

관련 도서

《논어 論語》

《춘추 春秋》

자사,《중용 中庸》

항상 신혼처럼 달콤하게 지낼 수는 없나요?

지나치지도, 모자라지도 않는 공자 씨,

안녕하세요.

올해로 결혼 2년 차 신혼인 새댁입니다.

저희는 남편이 제가 좋다며 죽자고 쫓아다닌 지 6개월 만에 결혼식을 올린 부부입니다. 솔직히 말하면 저는 남편의 첫인상이 썩 마음에 들지 않았어요. 그래서 싫은 티도 내고 냉랭하게 굴기도 했죠. 하지만 매일 아침 제가 좋아하는 커피와 베이글을 사 들고 회사 앞으로 와 건네주고, 하루에 한 통씩 정성스레 쓴 손편지를 보내는 남편의 모습을 보면서 조금씩 마음이 움직였답니다. 데이트를 할 때면 제 얼굴을 그윽하게 바라보며 "세상에서 제일 아름답다", "인형이 내 앞에서 말을 하고 있다"는 둥 저를 가장 특별한 여자로 만들어 주었습니다. 물론 연애 초기에 안 그럴 남자가 어디 있겠느냐마는 그래도 이 남자보다 나를 더 사랑해 줄 사람은 이 세상 어디에도 없을 것 같았습니다. 그러니 안 넘어갈 수 있겠어요? 결국 남편의 마음을 받아주었고 하루라도 빨리 저와 결혼하고 싶다는 말에 만난 지 6개월 만에 결혼까지 올렸습니다.

그런데 2년이 지난 지금 제가 정말로 옳은 선택을 한 것인지 궁금해졌습니다. 남편은 과연 이 남자가 나와 결혼하고 싶어했던 그 사람인가 싶을 정도로 저에게 무관심합니다. 아침이면 모닝콜을 해주던 연애 시절의 자상함은커녕 본인 출근 준비에만 바빠 눈길도 잘 주지 않아요. 일찍 출근하는 날이면 인사도 하는 둥 마는 둥 집을 나서고 맙니다. 회사에서도 저에게 문자나 전화 한 통 없는 게 서운해 먼저 연락이라도 하면 바쁘다고 끊기 일쑤고요.

혹시 결혼하고 마음이 변한 건 아닐까 싶어 나를 사랑하느냐고 물어보면 그제야 말없이 고개나 끄덕일 뿐입니다. 얼마 전에는 둘이서 술을 한잔하면서 결혼 전과 너무 많이 다르다고 얘기하기도 했어요. 그랬더니 남편은 절대 사랑이 변한 게 아니라고 하더군요. 매일 함께 생활하다 보니 조금 익숙해졌을 뿐이라면서요. 오히려 결혼 전보다 지금 저를 더 좋아한다고도 했어요.

그런데 아이러니하게도 저는 결혼하면서 남편의 사랑이 조금씩 식어버린 것 같아 외롭기도 하고 불안하기도 합니다. 평생을 함께 살아가야 할 사람인데 늘 연애할 때처럼 사랑이 넘치는 달콤한 관계를 유지할 수는 없는 건가요?

| 철학자의 답장 |

때로는 사랑에도 현명한 절제가 필요하다오!

끊임없이 사랑을 확인하고 싶은 부인이여,

반갑소, 부인. 그대가 보낸 편지를 읽으니 문득 내 딸이 생각나는구려. 내 제자 가운데 남용南容이라는 매우 뛰어난 자가 있었다오. 언제 어디에 내놓아도 반드시 그 능력을 발휘해 출세할 만큼 능력 있는 사람이었지만 나는 남용을 사위로 삼지 않았소. 오히려 그에게 훨씬 못 미치는 평범한 사람을 사위로 받아들였다오.

내 사위는 공야장公冶長이라는 친구인데 다정한 성격 덕분인지 사람의 말뿐 아니라 새들이 하는 말까지 알아듣는 묘한 재주가 있었다오. 그래서 난 깊이 생각해 봤소. 비록 내 주변에 출중한 재주를 가진 젊은이는 많지만 과연 내 딸을 행복하게 해줄 수 있는 사람은 누구일까?

고백하건대 나는 학문을 이유로 14년이 넘도록 집을 떠나서 지냈소. 그러는 동안 아내와 자식들에게 무심할 수밖에 없었다오. 지금은 그런 나 자신이 후회스럽소. 그래서 여러 사람들의 권유와 청혼에도 불구하고 공야장이라는 다정다감하고 평범한 제자에게 내 딸을 시집보냈다오. 비록 성공과 출세가 보장된 사람은 아니지만 새들과 오순도순 이야기하는 사내가 자신의 아내와 자식에게는 어떻게 할지 충분히 예상되지 않소?

내가 이런 이야기를 꺼낸 이유는 남편이 부인에게 했던 따뜻한 배려와 관심의 표현으로 보아 그대가 남편으로 믿고 살아가기에 참으로 좋은 배우자감을 찾았다는 이야기를 해주고 싶어서라오.

그럼 이제 다시 고민으로 돌아가 봅시다. 부인은 혹시 '중화中和의 미덕'이란 말을 들어본 적이 있소? 내 손자인 자사子思가 나의 말을 엮어 만든 《중용》이라는 책이 있소. 그 책에 이런 글이 등장한다오.

희로애락의 감정이 아직 생겨나지 않은 것을 '중中'이라고 하고, 그것들이 생겨나 모두 절도에 맞는 것을 '화和'라고 한다. '중'이라는 것은 천하의 커다란 근본이고, '화'라는 것은 천하에 통하는 도이다.

《중용》

내가 보기에 부인에겐 이 '중화의 미덕'이 필요한 듯 보이오. 쉽게 말해 철학책에서 한 번쯤은 봤을 법한 '중용中庸'이 필요하다는 뜻이오.

사람들은 행복이란 것이 기쁘고 즐거운 일에서 비롯되는 것이라고 여기지만 이는 잘못된 생각이오. 진정한 행복은 화나고 짜증 나고 슬픈 감정에서 벗어나 즐겁고 유쾌한 기분을 가질 때만 느낄 수 있는 것이 아니라오. 오히려 희로애락의 감정을 제때에 알맞게 느낄 수 있을 때 행복한 삶이 가능한 것이지.

인생의 한 단면만 살펴봐도 행복의 기본 조건을 알 수 있다오. 자식을 낳아 기를 때 부모는 온갖 일에서 기쁨을 느끼지만 자식이 말썽을 피우거나 아플 때는 화도 나고 슬프기도 하지 않소? 또한 어린 자식이 튼튼하게 성장하는 모습은 그 자체가 즐거움이지만, 그러는 사이에 나를 낳아준 부모님은 늙고 병들거나 돌아가실 수밖에 없는 것이니 결국 우리는 슬픔을 느낄 수밖에 없다오. 즉 슬픔을 알아야 행복도 알 수 있는 법이오.

부부 사이의 감정도 마찬가지라오. 처음 연애를 시작한 연인이나 이제 막 결혼한 신혼부부 사이에는 부끄러움과 설렘의 감정이 두 사람 사이의 대부분을 차지하고 있을 것이오. 하지만 시간이 지나고 서로를 충분히 이해하면서 성숙해진 사랑이라면 설렘과 부끄러움은 어느새 사라진다오. 대신 다른 감정이 그 마음속에 스며들어 두 사람을 이어주고 있을 것이 아니겠소?

생각해 보오. 사실 설렘이라는 것은 상대를 잘 알지 못하는 낯선 상황에서 느낄 수 있는 감정이 아니오? 그런데 매일 같은 밥상에서 밥을 먹고 같은 침대에서 잠을 자는 사이에 그런 감정이 남아 있을 수 있겠소? 이는 부인의 남편이 심각한 건망증을 앓고 있지 않는 한 기대하기 매우 어려운 일이라오.

물론 시간이 지나도 계속 설렘을 느낄 수도 있을 것이오. 하지만 그것은 사랑의 감정과 경험을 아주 좁고 작은 것으로 보게 만드는 것이오. 사랑과 행복은 결코 달콤한 감정만이 아니기 때문이지. 남편의 생각 없는 말 하나에 상처받는 마음도 사랑이고 부인의 상한 기분을 풀어주려 남편이 꽃을 바칠 때 눈 녹듯 미움이 사라지는 것도 사랑이라오. 서로를 상처 줄 수도 있고 치유해 줄 수도 있는 유일한 관계. 그것이 바로 부부가 아니겠소?

부부의 사랑을 한 권의 책에 비유하자면 행복한 설렘과 달콤한 사랑 표현은 사랑의 과정 중 첫 장에 불과하다오. 세월이 쌓이고 시간이 흐르면 여러 가지 상황들이 더해질 것이오. 그 상황에 맞는 감정들을 함께 누리는 것이 어쩌면 부부간의 진정한 사랑과 행복의 느낌이 아니겠소?

내가 말하는 '중용'이란 때로 싸우고 때로 다투지만 또 이해하고 또 감싸주면서 희로애락의 감정이 삶 전체를 균형 있게 관통하는 삶을 의미한다오. 왜 부인은 인생이란 기나긴 책을 첫 장에서 그만 읽으려 한단 말이오!

철학자 공자가 아니라 딸을 둔 아비의 마음으로 충고하오. 책은 끝까지 읽지 않으면 그 내용을 결코 제대로 이해할 수 없는 것이오. 마찬가지로 부부라는 관계 역시 시작과 끝을 함께해야 비로소 어떤 말이 없어도 서로의 눈빛만으로도 통하게 되는 것이라오. 그리고 지금 두 사람은 그 길을 향해 가고 있는 중이오.

그대의 남편이 사랑하는 감정이 사라진 것이 아니라, 연인에서 부부가 되었듯 사랑의 표현 방식도 그에 맞춰 변화했음을 깨닫길 바라는 바요. 그리고 앞으로 두 사람이 함께 걸어가야 할 인생에서 그 사랑은 계속해서 변화할 것이오. 그것에 흔들리지 않고 서로를 감싸주며 더없이 멋진 가족이 되길 바라오.

나의 고향 곡부에서 공자가

공자가 말하는 '중용'

군자는 지금의 그의 처지에 따라서 행하고, 그 밖의 것을 바라지 않는다. 부유하고 높은 처지에 있다면 부유하고 높은 사람이 할 일을 행하며, 가난하고 천한 처지에 있다면 가난하고 천한 사람이 하여야 할 일을 행하며, 오랑캐와 같은 처지에 있다면 오랑캐가 하여야 할 일을 행하며, 환난에 청하여 있다면 환난에 처한 사람이 하여야 할 일을 행하는 것이다. 군자는 어떤 처지에 놓인다 하더라도 스스로 만족하지 못하는 경우가 없는 것이다.

《중용》

흔히 공자가 말하는 '중용'의 사상을 공평함, 흔들림이 없는 중심, 어느 한쪽으로 치우침이 없음과 같은 뜻으로 오해하는 경우가 많다. 엄밀히 말해 공자의 중용사상은 그보다 더 적극적인 의미를 가지고 있다. 중용에서 중中은 가운데를 가리키는 말이기도 하지만 '딱 들어맞다'라는 의미가 더욱 적합하다. 즉 그 상황에서 가장 잘 들어맞는 것을 취한다는 뜻이다. 예컨대 용감함과 비겁함의 중간, 어리석음과 지혜로움의 중간과 같은 어정쩡한 의미가 아니다. 상황에 가장 적절한 말과 행동, 마음가짐을 포괄하는 삶의 태도의 문제와 관련된다.

따라서 화를 내야 하는 상황에서는 화를 내는 것이 중용이다. 참아야 하는데 화를 내는 것은 중용이 아닌 것이 된다. 즉 분명한 삶의 원칙을 삶의 한가운데(中)에 일관되게 지니고 있지만 삶의 다양한 상황에서 적절하게 맞추어 낼 때 우리는 '조화'를 이룰 수 있다. 이러한 삶의 태도 전반을 일컬어 공자는 '중용'이라 불렀다.

흔들림 없는 삶을 살아간 사상가, 공자

"남이 자신을 알아주지 못할까 걱정하지 말고 내가 남을 제대로 알지 못함을 걱정해야 한다."

공자는 기원전 551년 오늘날 중국의 산둥성 지방에서 하급 귀족 무사인 아버지 숙량흘叔梁紇과 어머니 안顔씨 사이에서 태어났다. 본래 이름은 구丘이며 '공자'는 스승을 가리키는 '자子'를 붙여 부르는 존칭이다. 특히 유학儒學이 부흥한 송나라 이후에는 '존경하는 우리

선생님'이란 뜻으로 '공부자孔夫子'라 부르기도 했다.

공자의 명성이 드높아진 것은 기원전 500년 노나라 정공과 제나라 경공이 회담할 때 공자가 의례를 맡아 노나라가 빼앗긴 땅을 돌려받은 사건 덕분이었다. 이 시기는 공자의 정치 생활 중 최전성기였다. 그러나 공자는 삼환三桓으로 일컬어지는 세력을 꺾고 정치적 개혁을 시도하였으나 실패하고 제자들과 함께 고국을 떠났다. 이후 여러 나라를 돌아다니다가 그의 나이 68세에 고국인 노나라로 돌아왔다.

혼란했던 춘추전국시대를 살았던 공자는 벼슬을 구하려고 14년간이나 천하를 떠돌았으나, 결국 그 뜻을 이루지는 못했다. 그 후 고향으로 돌아가 많은 기록을 정리했다. 《중용》은 공자의 사상을 계승 발전시킨 그의 후학들의 작품이다. 특히 그가 제자들과 나누었던 대화는 나중에 《논어》라는 책으로 묶였다. 그가 창시한 유학은 중국과 한국, 일본과 베트남에 이르기까지 동아시아 전역에 커다란 영향을 미치기도 했다. 사회 지도자들에게 인仁이라는 도덕성을 강조하고 사회 성원들 사이에서 예禮라는 합리적 규범을 강조한 그의 철학은 오늘날에도 여전히 중요한 가치와 의미가 있는 사상으로 평가받는다.

4

공자의 《주역》

孔子

(BC 551 ~ BC 479)

◆

중국 춘추전국시대의 사상가

◆

관련 도서

《주역 周易》

《논어》

《춘추》

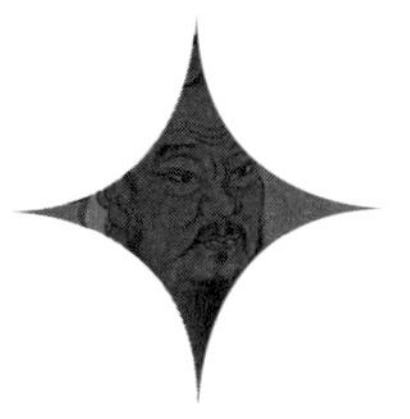

사업 때문에 힘들어하는 남편에게 힘이 되고 싶어요!

지혜를 깨닫기를 즐겼던 공자 씨,

안녕하세요.

살림하면서 아이들을 키우고 남편을 뒷바라지하는 평범한 주부입니다. 요즘 우리 집 분위기는 그다지 좋지 않습니다. 몇 해 전 회사를 나온 남편이 꾸려오던 사업이 영 시원찮기 때문입니다. 호기롭게 사업을 하겠다는 남편에게 열심히 해보라며 응원했던 저였지만 내심 불안하기도 했습니다. 하지만 제 마음을 드러내면 남편에게 부담이 될 것 같아 집에서는 모르는 척 무덤덤하게 지내왔습니다.

하지만 요즘 남편이 부쩍 힘들어하는 모습을 보니 마음이 아프기도 하고 걱정도 돼서 모르는 척하기가 너무 힘듭니다. 그간 몇 차례 고비를 잘 넘겨왔고 요즘은 다들 힘들어하는 시기인지라 이번에도 잘 버텨줄 거라고 믿지만 그래도 남편에게 힘을 주고 싶습니다.

요즘 부부 사이에 대화도 많이 줄었고 그러다 보니 나쁜 기색도 없고 좋은 기색도 없습니다. 서로 눈치만 보느라 집안 분위기도 썰렁한데 기분 전환이라도 할 겸 가까운 곳에 여행이라도 다녀오자고 할까 생각 중입니다. 우리 가족 먹여 살리느라 힘든 남편을 어떻게 해야 응원할 수 있을까요? 거창하지는 않아도 소소한 힘을 줄 수 있는 법을 알려주세요.

| 철학자의 답장 |

변화는 결단에서 오는 법,
내가 변해야 삶이 변하고 세상이 변한다오!

누구보다 남편을 믿고 있는 그대여,

그대의 고민은 누구라도 충분히 공감할 만한 것이군. 일이 잘 풀리지 않고 막혀 있다면 문제를 붙잡고만 있을 게 아니라 잠깐 벗어나는 것도 큰 도움이 된다네. 그럴 때 사람들은 흔히 기분 전환으로 가까운 곳으로 바람을 쐬러 떠나기도 하는데 오늘 내가 그대에게 들려주고 싶은 이야기는 그 '바람을 쐰다'라는 말에 담긴 진짜 의미일세.

혹시 자네는 내가 모아 편찬한 《주역》이라는 책 이름을 들어 본 적이 있는가? 글자 그대로 풀이하면 주나라의 역易이란 뜻이라네. 주나라 초기의 문왕文王께서 상징 기호 같은 괘에 글자를 붙였고, 내가 해설을 곁들여서 만든 책이라네. 아마 후대의 제자들이 더 설명을 붙였을 것이네. 내가 살던 시대에는 길고 얇게 가른 대나무 쪽에 글자를 쓰고 가죽끈으로 묶어서 책을 만들었다네. 내가 이 책을 하도 많이 보아서인지 그 끈이 낡아 끊어지기도 했다네. 그 까닭은 바로 이 책이 말하고자 했던 뜻이 '변화'에 있었기 때문이라네. 《주역》은 뜻을 풀이하면 '변화에 관한 성스러운 책'이라 할 수 있네.

세상은 언제나 변화한다네. 이것이 《주역》의 기본 생각이지. 세상이 변한다는 것은 나도 변하고 있고 내 주변의 상황도 늘 변하고 있다는 뜻이네. 모두가 알고 있는 듯해도 사실 제대로 모르고 있는 것이 이 간단한 원리이기도 하다네. 그것은 아마도 매일 매일의 반복되는 일상 때문일 것이네. 도시에 사는 사람에게는 더욱 그럴 테지.

본래 《주역》은 점占을 쳐서 미래의 일을 알고자 하는 바람에서 만들어진 책이라네. 상상해 보게나. 우리가 미래의 일을 알 수 있다면 얼마나 좋겠나? 미래는 글자 그대로 '아직 오지 않았다(未來)'라는 뜻이라네. 아직 오지 않았으니 어떻게 우리가 미래를 알 수 있겠나?

하지만 다시 생각해 보면 미래는 바로 지금의 일로부터 생겨나는 것이라네. 새벽은 어느 순간 갑자기 시작되는 것이 아니라 조금씩 어둠이 걷히는 조짐을 보이다가 찬연하게 떠오르는 해와 더불어 온다네. 밤 또한 순식간에 다가오는 것이 아니지 않은가! 그것을 조짐이라고 하네. 커다란 지진이 닥치기 전에 작은 대지의 떨림이 있고 나서 변고가 생기는 것도 같은 이치라네. 큰일은 작은 징조를 통해 미리 조금씩 드러나는 법이지. 우리가 할 수 있는 것은 바로 그런 징조를 읽어내고 우리의 말과 행동을 바꿈으로써 변화에 적극적으로 대처해 나가는 것이며, 이게 바로《주역》의 생각이라네.

바람을 쐬고 싶다는 자네 마음속에 찾아온 생각은 일종의 작은 징조라네. 하루하루의 반복적인 일 속에서 무언가 미묘한 변화가 감지되지만 사실 그것이 무언지는 정확하게 모르는 상태를 느낀 것이지. 하지만 사람들은 대개 그런 징조를 느끼고도 "다음에 시간이 되면", "이번 일만 더 잘되면"이라는 핑계로 그냥 지나치는 수가 많지.

그런 면에서 자네는 일종의 예지叡智를 갖고 있구먼. '무언가 변화가 필요해!'라는 생각을 했다면 그것은 자네 나름의 결단을 내린 것이지. 무료한 일상에서 벗어나 시원한 바람을 맞으며 미래를 다시 고민할 수 있는 새로운 힘을 얻는 거라네.

즉 바람을 쐬러 나간다는 것은 점을 친다는 것과 같은 의미라네. 내가 살던 시대의 많은 사람들은 커다란 일이 있을 때마다 점을 쳤다네. 하지만 점을 친다고 미래를 알 수 있겠나? 사실은 변화하는 상황 속에서 조짐을 예민하게 관찰하고, 변화를 가져오기 위해 내리는 결단이 바로 점을 치는 이유인 거지.

그리고 결단을 내린 사람의 행동은 당연히 예전과 같을 수 없네. 이것을《주역》에서는 변통變通이라고 한다네. 나 스스로가 먼저 변하여 주어진 상황에 능동적으로 소통하는 것, 그것이 바로 변통의 철학이라네. 그리고 점을 친다는 것은 내가 먼저 변해야겠다는 생각을 확고하게 다지는 결단의 행위를 뜻하는 거지.

허허허, 편지를 쓰다 보니 그저 복잡해서 바람이나 쐬러 간다는 말에 사족이 너무 길어진 것은 아닌가 싶네. 하지만 그런 작은 결단이 앞으로 다가올 미래에 큰 영향을 끼칠 수도 있다는 걸 알려주고 싶었네. 물론 갑자기 사업이 잘된다거나 하는 일은 일어나지 않겠지. 하지만 부부 사이에 작고 미묘한 변화가 일어나지 않겠나? 자네의 마음 씀씀이에 남편은 위안을 얻고 부부간의 믿음이 더 두터워지겠지. 그런 마음이 쌓이고 쌓이다 보면 시간이 흐른 후에는 조금은 다른 삶이 되지 않겠나?

결국 변화라는 것은 나의 결단에서 먼저 비롯된다네. 내가 먼저 변한다면 비록 작지만 그 파장이 주변에 미치고, 그것이 오래되면 커다란 변화도 일으킬 수 있다네. 이것을 '변화하여 통한다'라고 하는 것이네. 누군가는 바람 쐬러 다닐 시간이 있으면 그 시간에 돈 벌 생각이나 하라고 비난할지도 모르지. 하지만 그 돈을 버는 주체가 결국 사람이라면 그 사람의 마음을 돌보는 시간을 갖는 것이 결코 헛되다고 할 수 있겠나?

그러니 어서 바람을 쐬러 다녀오시게. 어쩌면 그것 자체만으로도 작은 변화의 시작이 될 수 있을 테니까!

나의 고향 곡부에서 공자가

공자가 말하는 '기미'

공자는 이렇게 말했다.

"기미를 아는 것이 신묘한 지혜다! 군자는 윗사람을 사귐에 아첨

하지 않고 아랫사람을 사귐에 업신여기지 않으니 기미를 아는 것이다. 기미란 은미하게 일어나는 움직임이고 길함과 흉함이 나타난 것이다. 군자는 기미를 보고 일을 신속하게 하니 날이 다할 때까지 기다리지 않는다."

기미幾微란 한마디로 조짐을 말한다. 어떤 일이 막 시작되려고 할 때 아직 그 모습이나 사태가 명확해지기 전의 상태를 가리킨다. 옛사람들은 바로 이러한 조짐 속에서 그것이 길한 것인지 흉한 것인지 그 단서를 알 수 있다고 생각했다. 그러나 현실에서 아직 일이 닥치지 않았는데 그것이 가져올 결과를 안다는 것은 결코 쉬운 일이 아니다. 그래서 공자는 그것을 신비한 지혜라고 했다.

윗사람과 아랫사람을 사귀는 것을 예로 든 것은 전통의 신분사회와 관료사회에서 가장 비근한 상황을 설정한 것일 뿐이다. 중요한 것은 '기미를 보고 일을 신속하게 처리하니 날이 다하기를 기다리지 않는다'라는 사상이다. 이것은 바로 조짐을 명확하게 판단하고 이에 따르는 행동을 결단하라는 뜻이다.

사실 정치나 경제와 같은 대단히 복잡한 영역에서는 전통사회의 이런 철학이 크게 도움이 된다고는 할 수 없다. 하지만 우리의 일상적인 인간관계나 사소한 일들에서는 우리의 삶의 느낌을 예민하게 자각하고 이를 결단하고 행동에 옮기는 것만으로도 좋은 관계와 삶을 만드는 데 커다란 도움이 된다.

중요한 것은 미묘한 변화의 조짐을 느꼈을 때 가볍게 흘리지 않고 이를 생각하고 결단하는 것, 그리고 그러한 결단을 행동에 옮겨 스스로 변화를 만들어내는 것이다. 변화에 능동적으로 대처한다는 사상은 결코 가벼운 사상이 아니다. 일상의 삶은 물론 다양한 영역에서 충분히 적용 가능한 실용적인 철학이다.

결단과 변화의 철학, 공자의 《주역》

"기미를 보아서 일을 해나간다."

《주역》은 그냥 《역》이라고도 하는데 본래는 점복占卜을 위한 책이었다. 어떻게 하면 흉凶을 몰아내고 길吉을 얻느냐 하는 실용적인 목적에서 쓰이기도 했지만, 책이 발전하는 과정에서 세상을 살아가는 지혜와 우주론적 지식까지 담기게 되었다. 책의 제목이 '주역'인 것은 하나라의 연산역連山易, 상나라의 귀장역歸藏易과 구별하려는 이름이다.

오늘날 우리가 보는《주역》은 8괘와 64괘, 그리고 괘사卦辭, 효사爻辭, 십익十翼으로 되어 있다. 각각의 지은이에 대해 다양한 학설이 존재하는데, 전설적 인물인 복희씨伏羲氏가 만물의 변화를 관찰하여 처음으로 8괘를 만들었고 이것이 발전되어 64괘를 만들었다고 한다. 그리고 상징기호와 같은 괘에 주나라 문왕이 64괘와 그 각각의 효爻에 글을 붙여 괘사와 효사가 되었다. 후대에 공자가 이에 관한 열 가지 해설서인《십익十翼》을 지어 붙였다고 한다. 하지만 현대의 학자들은 오랜 시간을 거쳐 수많은 사람들의 작업에 의해 이루어진 것으로 보는 것이 일반적이다.

5

존 스튜어트 밀

John Stuart Mill

(1806 ~ 1873)

◆

영국의 철학자이자 경제학자

◆

관련 도서

《자유론 On Liberty》, 1859

《공리주의 Utilitarianism》, 1863

《여성의 예속 The Subjection of Women》, 1869

자녀 계획까지 간섭하는 시댁이 부담스러워요

절대적이고 완전한 자유를 꿈꿨던 밀 씨,

안녕하세요.

얼마 전 30대가 된 여성입니다. 저는 지난해 오래 사귄 남자친구와의 사이에서 생각지도 못한 아이가 생겨 혼전임신으로 결혼한 유부녀입니다. 언젠가 결혼을 한다면 지금의 남편과 하겠다는 생각은 했지만, 이제 막 회사에서 한참 인정받기 시작한 참이라 당시에는 결혼하고 싶다는 마음이 전혀 없었어요. 그러던 중에 아기가 생겼다는 사실에 많이 놀라기도 하고 당황하기도 했답니다. 그래도 우리 두 사람에게 찾아온 생명을 저버릴 수는 없어 서둘러 양가의 허락을 받고 결혼을 준비했어요.

사실 결혼하는 것 자체는 그리 힘들지 않았어요. 남자친구와는 오랜 시간 교제했기 때문에 더없이 편안한 관계였거든요. 서로에게 맞춰주는 방법도 알고 있었죠. 문제는 결혼하고부터였어요. 제가 적극적으로 참여한 프로젝트가 있어서 저는 아이를 출산하기 직전까지 회사에 다닐 생각이었어요. 어떻게 해서든 조금이라도 더 프로젝트를 진행하고 싶은 욕심이 컸거든요. 그런데 시부모님은 하루라도 빨리 휴직을 하라고 성화였죠. 제 체력이 튼튼한 편이 아니라면서 행여나 아이에게 무리가 갈 수도 있다는 겁니다. 그래도 전 열심히 밥도 챙겨 먹고 틈틈이 운동도 하면서 악착같이 일을 했어요. 뱃속의 아이가 커가는 즐거움도 좋았지만 프로젝트도 재미있고 인정받는 기분도 너무 좋았거든요.

그러다가 예정대로 출산을 했어요. 모든 걸 접고 프로젝트에서 완전히 빠지는 것이 싫어서 아이를 낳고 최대한 빨리 복귀할 계획을 세웠어요. 죽을 만큼 노력해서 몸매부터 체력까지 관리했어요. 아이디어가 떠오를 때마다 제 나름대로 정리도 해뒀고요. 덕분에 아이를 키우면서도 겨를이 있을 때마다 아르바이트로라도 프로젝트에 참가해서 꾸준히 경력을 이어나갔죠. 그러다 성과가 좋아 인정도 받았고 회사에서 최대한 빨리 복귀해 줬으면 좋겠다는 제안도 받았어요. 뛸 듯이 좋았죠.

그런데 생각보다 복귀가 쉽지 않네요. 이제 곧 돌이 될 아이를 어린이집에 보낼 생각인데 시댁에서 강력하게 반대하고 있거든요. 요즘 어린이집에서 얼마나 사고가 자주 나는지 아느냐며 절대 안 된다고 하시네요. 아이는 무조건 세 돌이 될 때까지 엄마가 키워야 한다는데…. 고민하다가 친정 근처로 이사를 가서 어머니께 아이를 봐달라고 부탁할 생각이라고 말했더니 이번에는 이왕 아이를 낳은 김에 둘째까지 빨리 낳았으면 좋겠다네요. 한 명은 외로우니 복귀할 생각 말고 아이한테 형제부터 만들어주라는 겁니다. 만날 때마다 둘째 이야기를 꺼내시는데 저는 둘째를 낳을 생각도 없을뿐더러 하루라도 빨리 복귀해서 일을 더 하고 싶어요. 남편은 제 생각을 적극적으로 지지한다며 걱정 말라고 하지만 눈치가 보이는 건 여전해요.

물론 시부모님께서도 나름 저희를 생각해서 그런 말씀을 하신다는 걸 모르는 건 아니에요. 하지만 시부모님이 원하시는 걸 들어주기 위해 제가 원하는 삶을 포기할 수는 없는 거잖아요. 남편과 제가 결정해서 한 결혼인데 자녀 계획까지 간섭하는 시부모님을 어떻게 설득해야 할까요?

| 철학자의 답장 |

결코 누구의 눈치도 보지 말고 당당하게 말하시오!

삶의 자유를 박탈당한 당신이여,

안녕하시오. 나는 존 스튜어트 밀이라고 하오. 당신이 철학을 잘 모른다고 해도 한 번쯤은 내 이름을 들어봤을 거요. 나는 당신이 애타게 부르짖는 '자유'가 무엇인지 정립한 사람이오. 당신이 살고 있는 시대에서는 나를 자유주의의 시조라고 부른다고 들었소만. 아마도 내가 《자유론》이라는 책을 썼기 때문이 아닌가 하오.

나는 아내인 해리엇 테일러Harriet Taylor와 로마를 여행하던 중에 국회의사당 계단에서 《자유론》을 쓰겠다고 다짐했소. 하지만 슬프게도 테일러는 내가 책을 완성하기 전에 병으로 세상을 뜨고 말았다오. 그녀의 죽음을 겨우 이겨내고 출간한 이 책에서 나는 자유는 매우 엄격한 조건에서만 제한될 수 있다고 주장했소. 더 쉬운 이해를 위해 내 책에 쓴 한 구절을 소개해 드리리다.

인간 사회에서 누구든 개인이든 집단이든 다른 사람의 행동의 자유를 침해할 수 있는 경우는 오직 한 가지, 자기 보호를 위해 필요한 때뿐이다. 다른 사람에게 해를 끼치는 것을 막기 위한 목적이라면 당사자의 의지에 반해 권력이 사용되는 것도 정당하다고 할 수 있다. 이 유일한 경우를 제외하고는 문명사회에서 구성원의 자유를 침해하는 그 어떤 권력의 행사도 정당화될 수 없다.

《자유론》

자유는 쉽게 말해 자기가 하고 싶은 대로 하는 것을 말하오. 그렇지만 무엇이든 마음대로 해도 되는 건 아니오. 다른 사람에게 해를 끼칠 경우, 그때는 마음대로 하는 행동을 제한할 수 있소.

예를 들어 혼자 사는 집에서 실오라기 하나 걸치지 않는 행동은 비록 괴상하고 이해되지 않지만 그 자유는 보장되어야 하오. 그러나 다른 사람의 뒤통수를 때리고서 "때리든 말든 내 자유야!"라고 말할 수는 없소. 때리는 행위는 다른 사람에게 피해를 끼치니까. 결국 다른 사람에게 해를 끼치지 않는다면 누구든 자유롭게 행동하도록 내버려 두어야 한다오.

그렇다면 남에게 해를 끼치지 않는 한 무슨 일을 해도 그 사람의 자유를 보장해 주어야 하는 이유가 무엇인지 알겠소? 자기에게 무엇이 좋은지는 자신이 가장 잘 알기 때문이오. 인간은 살아온 환경이나 문화가 모두 다른 개별적 존재이며 어떤 행동이 자신에게 행복을 가져다줄 수 있는지는 본인 외에는 모른다오. 즉 자신의 몸과 정신에 대해서는 누구보다 잘 아는 유일한 주인이라는 뜻이오.

아, 물론 미성년자는 예외라오. 미성년자는 자신에게 어떤 일이 가장 행복을 가져다주는지 판단할 능력이 부족하다오. 엄마들은 아이가 사탕을 먹으면 잔소리를 하지 않소? 왜냐하면 아이는 사탕을 먹는 순간 행복을 느끼지만, 그런 행동이 멀리 보면 불행으로 이어질 수도 있다는 걸 모르기 때문이오. 아마 온전히 어린이의 자유에 맡겨 둔다면 사탕이 보이는 대로 마구 먹다가 멀쩡한 치아가 하나도 남지 않을 테니까 말이오.

자, 그러면 당신의 고민을 살펴봅시다. 아이는 혼자 낳는 것이 아니므로 부부가 합의해서 결정하는 것이 당연하오. 그런데 부부가 합의해서 결정했다면 다른 사람들이 간섭할 권리가 있겠소? 아이를 몇 명 낳을 것인지 결정하는 것은 다른 사람에게 해를 끼치는 행위가 아니므로 절대로 간섭받을 수 없는 자유요. 물론 당신이 회사에 복귀해 일할 것인지, 아니면 아이를 좀 더 키울 것인지 결정하는 것 역시 다른 사람에게 아무런 해를 끼치지 않는 행위라네. 그러니 이 역시 누구도 간섭해서는 안 된다오.

다만 자녀 계획이 순전히 당신의 자유로운 선택이기 위해서는 한 가지 조건을 더 만족해야 하오. 당신은 시댁으로부터 경제적으로나

보육 측면에서 완전히 독립하였소? 만약 시댁의 도움을 받는 처지라면 당신은 몸만 성인일 뿐 미성년과 같은 대우를 받아야 하오. 아이가 잘못된 선택을 했을 때 그 뒷바라지를 해야 하는 부모가 아이의 선택에 간섭하는 것이 허용되듯이, 만약 당신도 시댁의 뒷바라지를 받는다면 그 간섭은 정당화될 여지가 있소. 그러니 도움을 받지 않는다면 당당하게, 그러나 예의 바르게 말씀하시오. 내가 행복해야 아이도 행복하다고. 아버님, 어머님도 우리의 행복을 바라지시지 않느냐고 말이오(약간의 눈물도 가미한다면 효과가 훨씬 클 것이오).

나는 테일러와 결혼해 함께 지낸 7년이라는 시간 동안 아이를 낳지 않았소. 하지만 의붓딸인 헬렌을 열심히 키웠소. 책을 쓸 때는 헬렌의 도움을 많이 받기도 했소. 헬렌은 내가 죽은 후 나의 유고를 책으로 펴냈으며 여성의 권리를 신장시킨 훌륭한 작가가 되었다오.

사실 그 어떤 심오한 철학보다 더 쉬운 진리는 아이가 행복하기 위해서는 엄마가 먼저 행복해야 한다는 것이오. 부디 엄마로서 일하는 여자로서 당신이 성공하길 빌겠소. 그리고 성공했다는 성취감을 원천으로 삼아 당신의 아이를 훌륭하게 키우시오. 그것이 당신이 우리 사회와 자신을 위해 꼭 해줘야 할 행복한 의무이오.

영국의 웨스트민스터에서 존 스튜어트 밀

밀이 말하는 '진정한 자유'

인간 사회에서 개인이든 집단이든 다른 사람의 행동의 자유를 침해할 수 있는 경우는 오직 한 가지, 자기 보호를 위해 필요한 때뿐이다.

《자유론》

밀이 자신의 저서인 《자유론》에서 펼친 이러한 주장은 자유를 제한하는 '위해 원칙harm principle'이라고 부른다. 밀은 다른 사람에게 위해를 끼치지 않는 한 자유는 무한정 보장되어야 한다고 주장했다. 밀은 사회 전체의 최대 행복을 실현하기 위해서는 국가의 간섭이 전혀 없을 수는 없다고 인정했다. 하지만 이 간섭이 지나치면 자유가 억압당하기 때문에 정당한 간섭의 기준을 세워야 한다고 말한 것이다. 그것이 바로 위해 원칙이다. 따라서 위해 원칙은 뒤집어 말하면 타인의 자유를 침해하지 않는 한 무조건적인 자유가 보장되는 '자유 원칙'이라고도 할 수 있다.

다만 밀의 이러한 자유주의는 현대적 관점에서 보아도 상당히 급진적이라 할 수 있다. 현대의 많은 국가에서 처벌하고 있는 마약 복용, 성매매, 안락사 등을 옹호하는 주장이기 때문이다. 따라서 우리가 혼히 자유주의와 민주주의를 합하여 자유민주주의라고 말하지만 개인보다는 민중이라는 집단을 중요시하는 민주주의와 개인의 선택을 중요시하는 자유주의는 잘 어울리지 않는 성격이 있다.

공리주의의 완성자 존 스튜어트 밀

"자유 가운데서도 가장 소중하고 또 유일하게 자유라는 이름으로 불릴 수 있는 것은 다른 사람의 자유를 박탈하거나 자유를 얻기 위한 노력을 방해하지 않는 한, 각자 자신이 원하는 대로 자신의 삶을 꾸려나가는 자유이다."

존 스튜어트 밀의 아버지는 스코틀랜드 출신의 유명 경제학자인 제임스 밀James Mill이다. 밀은 아버지 밑에서 조기 교육을 받은 것으로 유명하다. 세 살 때 그리스어를, 여덟 살 때 라틴어를 배워 열 살도 되기 전에 이미 고대 그리스와 로마의 작품을 고전어로 읽었다고 한다.

밀은 자유주의의 시조 외에도 공리주의의 창시자로 불리기도 했다. 영국의 철학자이자 법학자, 경제학자로 '최대 다수의 최대 행복'을 주장해 공리주의의 대가로 불린 제레미 벤담Jeremy Bentham의 이론을 정교화했으며 그의 양자가 되기도 했다. 이 과정에서 자유주의 이론의 토대를 쌓았다.

밀은 현대적 관점에서 해석해도 상당히 진보적인 정책을 많이 제시했다. 《여성의 예속》이라는 저서를 통해 여성의 참정권을 옹호했으며 당시 식민지인 아일랜드와 노동 계층에도 관심을 보였다. 그뿐만 아니라 영국 의회의 의원을 역임하며 현실 정치에도 참여해 빅토리아 여왕 시대를 대표하는 영국의 철학자로 부상했다.

6

맹자
孟子
(BC 372 ~ BC 289년경)

◆

중국 전국시대의 사상가

◆

관련 도서

《맹자 孟子》

아이를 바르고 똑똑하게 키우고 싶어요

맹모삼천지교의 주인공인 맹자 씨,

안녕하세요.

저는 여섯 살 된 아들을 둔 부모입니다. 다들 그렇겠지만 저는 아이가 너무 예쁘고 사랑스럽습니다. 어떤 행동을 해도 귀엽기만 합니다. 그런데 요즘 과연 제가 아이를 제대로 키우고 있는지 의문이 듭니다. 제 눈에는 아이의 모든 것이 좋게만 보이는데 다른 사람들 눈에는 그렇지 않을 수도 있다는 생각을 하기 시작했거든요.

요즘 부모들이 아이를 너무 오냐오냐 키우는 탓에 예의 없고 제멋대로인 아이들이 많다는데 제가 그런 부모는 아닌지 걱정이 되더군요. 저는 우리 아이를 예의 바르고, 현명하고, 사리분별도 잘하는, 주변에서 사랑받는 아이로 키우고 싶어요. 하지만 아이가 너무 예쁘다 보니 잘못된 행동을 해도 제가 잘 보지 못하거나 무심코 넘어가버리는 건 아닌지 모르겠어요. 그러다 보면 제가 바라는 바른 아이로 자라지 못할 것 같아 고민입니다.

과연 아이를 잘 키운다는 것은 무엇인가요? 아직 생각이 완전히 성장하지 않은 여섯 살 아이를 키우는 부모가 갖춰야 할 조건이 있을까요? 부모로 산다는 것이 처음인 저로서는 모든 것이 걱정되고 두렵습니다. 어떻게 아이를 키워야 좋을지 조언을 얻고 싶어요!

| 철학자의 답장 |

올바른 부모는 사육사가 아닌 정원사가 되어야 한다네!

아이의 미래를 걱정하는 그대여,

자네의 사정을 듣다 보니 내 어머니가 떠오르는군. 아마 자네도 내

어머니 이야기를 들어보았을 것이네. 나를 제대로 가르치고 키우기 위해 세 번이나 이사했다는 이야기 말일세. 아이를 키운다는 것, 그건 아마도 가장 행복한 일이면서 동시에 가장 어려운 일일 것이네. 새삼 내가 이렇게 오랜 세월이 지난 후의 사람인 자네에게 고민을 의뢰받을 정도로 이름을 떨친 사상가로 성장할 수 있었던 것은 역시 어머니의 지혜 덕분이라는 생각이 드네. 자네도 내 이야기를 들어보겠나?

혹시 자네는 내가 제자들과 함께 쓴 《맹자》라는 책을 읽어보았나? 나는 그 책에서 인간의 본성은 선하다는 '성선설性善說'과 이러한 선한 본성에 따라 그것을 실현하는 정치로서 '왕도정치王道政治'를 주장했네. 그런데 이 두 가지가 실은 같은 이야기라네. 그것들은 모두 내 삶의 경험으로부터 온 것이지.

내가 태어나 처음 살던 곳은 공동묘지 근처였다네. 그렇다 보니 나는 늘 장례를 치르며 곡하는 사람들을 보았고, 그 모습이 신기해서 따라 하곤 했다네. 어느 날 곡하는 내 모습을 본 어머니께서 이건 아니다 싶으셨던지 이사를 결심했다네. 한데 새로 옮긴 집이 시장 근처였지. 매일 물건을 사고파는 사람들과 소리 높여 흥정하는 사람들로 북적대었다네. 게다가 여기저기에서 온 장사꾼들이 들려주는 이야기는 어찌나 재미있던지. 이번에도 상인들의 모습을 뭣도 모르고 따라 하곤 했지. 어느 날 장사꾼 놀이를 하는 내 모습을 본 어머니는 또다시 이사를 하기로 했다네.

그래서 가게 된 곳은 서당 근처였다네. 처음에는 이야기를 들려주는 시장의 장사꾼들에 비해 서당에 드나드는 사람들은 재미가 없었다네. 그런데 신기하게도 그 사람들이 손에 들고 다니는 책에는 장사꾼들의 이야기보다 훨씬 더 넓은 세상과 수많은 이야기들이 가득했다네. 그때부터 내 관심이 바뀌어버린 것이지. 오랜 옛날 태평성대를 열었던 요堯 임금과 순舜 임금에 얽힌 놀라운 이야기를 듣고 과거로부터 전해 내려오는 전통을 배우고 익히면서, 나는 서당에서 공부하는 사람들을 닮아가기 시작했다네.

아마도 내 이야기를 들은 사람들 대부분은 자녀 교육에서 환경이 중요하다고 생각할 것이네. 물론 맞는 말이라네. 하지만 반만 맞는 말이지. 그것은 내 어머니의 지혜를 제대로 알아보지 못한 것이네. 환경만큼이나 중요한 것이 사람의 본성이라네. 사람은 누구나 일정한 본성이 있다네. 마치 콩을 심으면 콩이 나고, 팥을 심으면 팥이 자라나는 이치와 같다네. 콩이 팥으로 자라나는 일은 없다네. 그것이 사람의 본성이지. 그런데 이 본성은 환경에 따라 달라지기도 한다네.

정원사는 자신이 가꾸는 정원의 나무와 풀이 지닌 저마다의 본성을 잘 안다네. 어떤 풀은 햇볕이 너무 강하면 오히려 좋지 않기에 담장 옆에 심어두고, 어떤 나무는 햇볕이 잘 드는 마당 한가운데에 심어 가꾼다네. 이는 환경이 적당한 곳에 있을 때 잘 자라난다는 뜻이라네. 사람의 본성 또한 적절한 환경을 만날 때 잘 성장한다네.

호랑이나 원숭이를 기르는 사육사는 이와 다르다네. 사육사는 호랑이의 야성이 발휘되지 않게 고기도 잡아서 주고, 성을 내지 못하게 하는데 주안점을 둔다네. 이리저리 말썽을 피우는 원숭이도 마찬가지라네. 사육사가 원하는 대로 온갖 조건과 회유와 반복을 통해 원하는 행동을 하도록 훈육한다는 것이네.

내 어머니는 나를 어떻게 키우겠다는 생각으로 좋은 환경을 찾은 것이 아니라네. 처음 공동묘지 근처에서 살 때나 시장 근처에서 살 때나, 내 또래의 아이들은 병정놀이를 하며 놀았다네. 하지만 나는 보통 아이들과 조금 달랐던 것이지. 난 주변 사람들의 말과 행동을 관찰하고 따라 하면서 사람들을 이해하고 싶었던 것이네.

내 어머니가 지혜로우셨던 점이 바로 그것이라네. 정원사가 각각의 화초마다 적절한 햇볕과 수분을 달리하며 잘 자라게 하듯이 내 어머니 또한 내가 어떤 성향과 관심을 가졌는지를 보고 그에 맞는 환경을 선택한 것이네. 주변 사람과 일에 대해 궁금해하고 따라 하려는 내 모습을 보고 그에 적절한 환경을 찾으신 것이지. 공동묘지 근처에서 곡하는 사람을 따라 한 것이나, 시장에서 장사꾼을 따라 한 것이나, 서당을 오가는 사람들을 따라 한 것은 모두 같은 종류의 생각과 관심이라네. 주변의 일과 사물을 관찰하고 배우려는 내 성향을 파악한 어머니는 나의 관심을 채워줄 가장 좋은 방법을 택한 것이라네.

아이를 바르고 똑똑하게 키우려 한다면 먼저 아이의 성향을 살피게. 그건 하루 이틀의 일이 아니라 몇 년에 걸쳐 이루어져야 한다네. 아이가 원하는 게 무엇인지, 잘하는 게 무엇인지, 그리고 그런 관심과 성향에 가장 맞는 것이 무엇인지 고민해 보게나. 사회도 마찬가지라네. 성선설에 기반한 왕도정치도 결국 같은 이야기라는 뜻일세.

부모 노릇은 훌륭한 정원사가 되는 과정이라네. 사육사가 되어서는 안 된다네. 사육사는 호랑이와 원숭이를 자신이 원하는 대로 길들이고자 한다네. 내가 공부한 유학儒學의 가르침이 바로 이런 것이라네. 유학에서 말하는 교육은 가정과 사회라는 정원을 가꾸는 일과 같다네. 경제나 사회를 바꾸기 위한 것이 아니라네.

아이의 본성을 억누르는 사육사가 되지 말고 아이의 진짜 성향을 파악하고 아이가 힘껏 피어날 수 있도록 돌봐줄 수 있는 정원사와 같은 부모가 되어보는 것이 어떻겠나?

공자의 마을인 곡부에서 멀지 않은 추현에서 맹자가

맹자가 말하는 '부모와 자식의 관계'

제자인 공손추公孫丑가 물었다.

"군자가 직접 자식을 가르치지 않는 것은 무슨 까닭입니까?"

맹자가 대답했다.

"형세가 그렇지 않기 때문이다. 가르치는 자는 반드시 자신이 올바르다 생각하는 것을 가르치려 한다. 그러나 바른길로써 가르쳤는데도 자식이 그 가르침을 행하지 않으면 화를 내게 되고, 도리어 자식의 마음을 해치게 된다. 그러면 자식은 생각키를 '아버지가 나를 바른길로 가르치지만 아버지도 행실이 바른길에서 나온 것은 아니다'라고 생각할 것이다. 부자간에 서로 마음을 상하게 하는 것은 좋지 않다. 그래서 옛날에는 자식을 서로 바꿔 가르쳤던 것이다. 부자간에는 책선責善(선을 행하라고 질책함)해서는 안 된다. 부자간에 책선하면 사이가 멀어지게 된다. 부자간에 사이가 멀어지는 것보다 불상不祥(상서롭지 못함)한 것은 없다."

《맹자》

맹자는 부모와 자식 사이에는 가르치려 하지 말라고 조언한다. 이는 부모가 자녀에게 어떤 가르침도 줄 수 없다는 뜻이 아니다. 부모의 마음이 자녀에게 객관적이고 공정하게 대하지 못할 수 있기에 조심하라는 뜻이다. 사람은 종종 다른 사람에게는 관대하면서 자신의 자녀에게는 엄격할 때가 있다. 또 거꾸로 어떤 때에는 자녀에게는 무한정 관대하면서 다른 사람에게는 엄격할 때가 있다. 바로 이렇게 다르게 드러나는 행동 자체가 자녀에게는 살아 있는 교육이 된다는 말이다.

맹자는 "조장하지 말라"는 이야기를 통해 또 부모와 자식의 관계에 참고할 만한 교훈을 남겼다. 옛날 송나라에 어리석은 농부가 모내기를 한 뒤 벼가 얼마나 자랐는지 궁금해 논에 나가 보았다. 그런데 그의 벼는 다른 사람의 것보다 덜 자란 것처럼 보였다. 그래서 농부는 벼의 새순을 잡아 빼 쑥쑥 자라게 도와주었다. 이른바 조장助長을 한 셈이다. 집에 돌아와 가족에게 이 일을 이야기하자 딸이 기겁하여 논에 가보니 벼는 이미 말라 죽어버린 뒤였다.

이 '조장'이라는 말 속에는 사람의 본성과 부모의 자식 교육 모두에 해당하는 중요한 교훈이 있다. 억지로 자신의 뜻에 따라 상황을 만들어 내려는 것은 바람직하지 않다는 뜻이다. 그래서 학자들은 맹자의 사상을 '정원사의 철학'이라 부르기도 한다. 정원사는 나무와 풀 하나하나가 어떤 본성을 가졌는지를 파악하는 데 관심을 두고 그에 적절한 환경을 주며 돌볼 뿐 자신의 의지에 따라 만들려고 하지 않는다. 그러면 그 나무와 풀에서는 아름다운 꽃과 열매를 맺게 된다는 것이다.

이런 정원사의 사랑이 오늘날 자녀 교육에 고민하는 사람들에게 요긴한 지혜가 아닐까?

정원사의 철학을 외친 맹자

"지성인이 사람을 가르치는 방법에는 다섯 가지가 있다. 때맞춰 내리는 비가 초목을 자라게 하듯이 하는 방법이 있고, 덕성을 이루게 해주는 방법이 있고, 재능을 발전시켜 주는 방법이 있고, 질문에 답변해 주는 방법이 있고, 자기 혼자서 본받으며 닦아나가게 해주는 방법이 있다."

맹자는 기원전 372년 지금의 산동성에서 태어난 대표적인 유가儒家 사상가다. 어려서 아버지를 여의고 어려운 환경에서 성장했으며, 공자의 손자인 자사의 제자에게 배워 시詩와 서書에 능했다. 그의 어머니 장 씨는 지혜로운 어머니의 표상으로 맹자의 교육을 위해 세 번 이사했다는 '맹모삼천지교孟母三遷之教'는 잘 알려져 있다. 맹자의 사상은 그가 남긴 《맹자》 7편을 통해 전해진다. 송나라 때 유학이 홍성하면서 주자학朱子學에서 《논어》, 《대학》, 《중용》과 함께 '사서四書'의 하나가 되어 널리 읽혔다.

맹자는 인간의 본성은 본래 선하다는 성선설을 주장하였는데, 이것은 사람이면 누구나 갖는 네 가지 본래의 마음을 가리킨다. 다른 사람을 불쌍히 여기는 측은지심惻隱之心, 자신의 잘못된 행동을 부끄러워하고 남의 잘못된 행동을 미워하는 수오지심羞惡之心, 타인에게 양보할 줄 아는 마음인 사양지심辭讓之心, 옳고 그름을 분별할 줄 아는 시비지심是非之心이 그것이다. 맹자는 이러한 본성을 잘 기르는 것이 사회의 지도자의 가장 중요한 책무이며, 이러한 마음을 통해 천하를 다스리는 것을 왕도정치라 불렀다. 그리고 군주가 이러한 왕도정치를 행할 때 바르고 좋은 사회가 도래할 것이라 주장했다.

7

아르투르 쇼펜하우어

Arthur Schopenhauer

(1788 ~ 1860)

◆

독일의 근대 철학자

◆

관련 도서

《의지와 표상으로서의 세계 Die Welt als Wille und Vorstellung》, 1818

《자연에서의 의지에 관하여 Über den Willen in der Natur》, 1836

《여록과 보유 Parerga und Paralipomena》, 1851

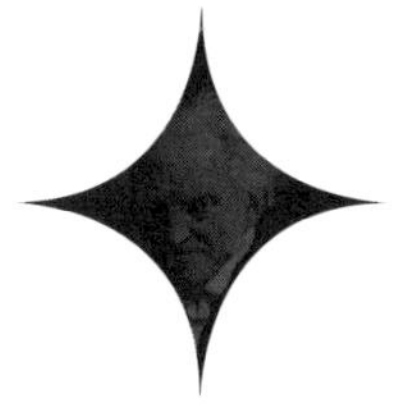

사랑해서 한 결혼인데 즐겁지 않아요

자신만만한 염세주의자 쇼펜하우어 씨,

안녕하세요.

저는 결혼한 지 이제 막 2년 차에 접어든 새신랑입니다. 우리 부부 사이에는 아직 아이가 없다 보니 남들 눈에는 아직도 풋풋한 신혼처럼 비춰지곤 합니다. 하지만 사실 저희는 인생의 황혼기를 함께 하는 노부부 같습니다.

스무 살에 처음 아내를 만나 8년 동안 서로만을 바라보며 사랑해 왔습니다. 아내는 제가 군대에 간 동안 저를 기다려주었고, 저 역시 아내의 유학 생활을 기다렸습니다. 그리고 함께 취업을 준비해 두 사람 모두 직장을 얻었습니다. 성인이 된 뒤 제 인생의 거의 모든 부분을 아내와 함께한 셈이죠.

사실 저희의 결혼이 쉽지만은 않았습니다. 부족한 것 없이 유복한 환경에서 자란 아내는 저보다 일찍 좋은 회사에 취직했습니다. 그에 반해 저희 집안은 경제적 사정이 넉넉하지 못한 편입니다. 게다가 저는 아내보다 연봉도 낮으니 처가의 반대가 심할 수밖에요. 그래도 우리 두 사람은 서로가 아니면 안 된다는 믿음 하나로 밀어붙였고 결혼까지 골인했습니다.

처가의 반대가 심할 때는 결혼만 하면 모든 갈등이 사라지고 우리 두 사람 앞에 행복한 인생이 기다리고 있을 거라고 생각했어요. 그런데 막상 결혼을 하고 아내와 1년간 함께 살다 보니 솔직히 지루하다는 생각밖에 들지 않습니다. 분명 우리는 힘들었던 만큼 잘 살자고 다짐했고 이제는 예전보다 더 행복할 일만 남았는데 말이죠. 기쁨보다는 그저 허무하기만 합니다. 좀 더 명확하게 말하자면 모든 역경을 이겨내고 보물을 발견했는데 그 보물이 생각보다 초라해서 실망한 것 같은 느낌이랄까요.

아무래도 대학에 들어가 처음 사랑한 사람이라서 제가 지나치게 집착한 나머지 이 사람이 아니면 안 된다고 맹목적으로 믿은 것은 아닌지 하는 마음입니다. 게다가 주변에서 너무도 결혼을 반대하는 바람에 오기로 사랑을 끌어간 걸지도 모른다는 별별 생각이 다 듭니다. 이제 겨우 1년 조금 넘는 시간을 함께 살았을 뿐인데 아내와 이야기를 나눠도 지루하고 재미없다는 생각에 혼자만의 시간을 갖고 싶어집니다. 분위기를 바꿔보면 새로운 감정이 생기지 않을까 싶어 여행을 가보기도 했지만 여전히 즐겁지 않습니다. 이제는 매일 아내의 얼굴을 마주하는 게 미안할 지경입니다. 결혼 전에는 생각지도 못한 이 권태로움을 어떻게 날려버릴 수 있을까요? 그리고 우리 두 사람은 예전처럼 즐겁고 뜨거운 사이로 돌아갈 수 있을까요?

| 철학자의 답장 |

결혼의 진실은 상상보다 더 고약하다네 그래도 알고 싶은가?

권태로부터 탈출하고 싶은 그대여,

'결혼'이라…. 내가 죽은 지 150년이 지난 미래에도 이 단어에 담긴 기대와 희망은 변함없나 보군.

자네가 편지 첫머리에 밝혔듯 나는 세상 사람들에게 염세주의자로 알려져 있지. '염세厭世'란 세상을 괴롭고 귀찮은 것으로 여겨서 비관적으로 보는 것을 말하네. 그래서 염세주의자는 세상에서 어떤 희망도 찾을 수 없다고 생각한다네. 하지만 개념 있는 누군가는 나를 '삶의 고통을 철학적 주제로 선택한 용기 있는 철학자'로 평가하더군. 흠흠, 너무 잘난 척하는 것 같다고? 어쩌겠나, 칭찬은 염세주의자도 춤추게 한다네.

자, 그렇다면 내가 왜 그리도 냉철하게 세상을 바라보았는지 슬슬 궁금해지지 않는가? 그 이유를 알려주지. 내가 살던 19세기 유럽은 인간의 이성을 강조한 낙관주의적 세계관이 지배하던 시절이었네. 그 시절의 나는 낙관주의는 잘못되었을 뿐 아니라 인간에게 아주 해로운 이론이라고 생각했지. 왜냐하면 이 이론은 행복이 인생의 본질이자 목표인 양 설명하면서 모든 사람이 행복과 기쁨을 누려야 마땅하다고 생각하게 했다네. 하지만 만약 일이 원하는 대로 풀리지 않는다면 어떻겠는가? 사람들은 자신의 고통이 부당한 것이라 느끼고 존재의 균형을 잃게 될 것일세. 나는 그래서 삶이 왜 인간에게 고통인지 그 근원을 파악해서 낙관적 인간관이 지닌 한계를 파헤치려고 했다네. 낙관이 있으면 반드시 비관이 있듯, 나는 삶에 대한 균형적인 이해를 원한 것이지.

크리스트교에서 말한 대로 인간의 고통이 인간이 지은 죄의 결과라면 우리는 그 고통으로부터 자유로울 수 없겠지. 나도 고통의 근원에 대한 종교적인 시각에 어느 정도 동의하지만, 내가 더 주목하는 것은 인간의 고통이 인간의 욕망과 결합해 있다는 점이라네. 아담과 이브가 선악과를 먹고 싶은 욕망을 이기지 못한 데서 인간의 고통이 시작된 것처럼 인간의 욕망을 제대로 파악해야 고통이 무엇인지 알고 치료할 수도 있을 것 아닌가?

자네가 느낀다는 권태의 고통도 마찬가지일세. 나의 대표작은《의지와 표상으로서의 세계》라는 책이네. 자네가 공부 좀 했다면 들어봤을 걸세. 이 제목은 나의 철학이 무엇인지 단적으로 보여주지. '표상表象'이란 철학자들이 쓰는 어려운 말이지만 쉽게 말하면 세상이 우리에게 드러나는 방식이라네. 세상이 다 똑같은 것 아니냐고 생각할지 모르지만 앞서 말했듯 누군가에게는 낙관적으로 보이고 다른 누군가에게는 비관적으로 보이는 게 세상이지. 그렇게 드러나는 방식이 다 표상이라네. 예를 들어 하늘에서 내리는 눈도 그것을 처음 본 열대지방 사람과 매일 보는 알래스카 사람의 눈에는 서로 다르게 보일 것이네. 그게 다 표상이 다르기 때문이지.

세상을 제대로 파악하기 위해서는 표상으로 파악한 세상 너머에 '의지'의 세상이 있다는 것을 알아야 한다네. 모든 표상의 배후에는 다르게 표상하려고 하는 의지가 존재하지. 세상의 진정한 본질은 의지이며, 맹목적인 삶의 의지가 우리가 표상하는 세상을 지배하는 걸세. 여기서 맹목적인 삶의 의지라는 것은 대단하거나 특별한 의미를 가진 것이 아니네. 그저 '살고 싶고 번식하고 싶은 지극히 본능적인 욕구'라네. 사랑도 예외가 아니지. 낭만적이고 아름다워 보이는 사랑도 냉정하게 말하자면 종족을 번식하고 싶은 인간의 욕망이 실현된 것에 불과하다네. 동물들이 성적인 본능을 충족하기 위해 교미를 하듯이 인간도 자신의 후손을 세상에 퍼뜨리기 위해 서로에게 이끌리고 사랑을 나누는 것이야.

그렇다면 왜 우리는 특정한 이성에게 끌리는 걸까? 단순히 종족 번식을 위한 본능 때문에 사랑을 하는 것이라면 동물처럼 조건이나 상황을 따지지 않고 아무 짝과 교미를 해도 될 텐데 말이지. 그것은 우리가 단순히 많은 자손을 생산하려고만 하는 것이 아니라 그 자손의 질까지도 고려하기 때문이라네. 우리는 무의식적으로 가장 건강하고 똑똑한 아이가 태어나도록 자신의 결점을 보완해 줄 사람을 찾는다네. 키가 작은 사람은 키가 큰 사람을, 납작코인 사람은 코가 오뚝한 사람을 찾는 것처럼 말이야. 신체적인 예만 들었지만 심리적인 면에서도 마찬가지로 우리는 대부분 자신의 성격적인 결함을 보완해 줄 수 있는 사람들에게 끌린다네. 그런데 막상 나의 부족함을 모두 채워줄 것만 같은 딱 맞는 짝을 만나 결혼하면 어떨 것 같은가? 아마 이 부분이 자네 고민의 핵심인 것 같네만.

본래 세상에서 일반적으로 말하는 행복은 이에 앞서 괴로움과 결핍이 있게 마련이며, 또한 행복을 얻은 후에도 후회 · 고뇌 · 허망 · 포만 등의 느낌이 따르게 마련이다. 그러나 자연미에 접할 수 있는 행복은 아주 순수한 것이다. 하긴 이 순수한 행복은 인간의 생애를 통하여 지속되는 것이 아니라 극히 한순간을 충족시킬 뿐이다.

《의지와 표상으로서의 세계 外》

내가 책에 쓴 글이네. 맹목적인 삶의 의지, 그러니까 욕구라는 것은 아무리 채우려 해도 채울 수 없는 것이라네. 그러니 만족감보다는 영원히 채울 수 없는 허탈함과 고통만 따를 뿐이지. 그러니 솔직히 말해 사랑하는 사람을 찾지 못하면 불행하지만 사랑이 결실을 맺어 결혼을 해도 불행한 건 마찬가지라네. 사랑은 종족을 번식하기 위한 수단이므로 목적이 완성되면 사랑이 식기 때문이지. 사랑을 찾는 과정에서 종족 보존의 욕망을 드러내고 그것이 만족되지 않으면 짝을 못 찾는 고통에 힘들어하면서 욕망을 채울 방법을 찾는다네. 그러다가 결혼을 해서 그 욕망이 만족되면 실망감에 빠지고 말지. 욕망이 채워진 자리에 남는 것은 허탈함, 즉 권태뿐이지. 그래서 결국 세상은 괴로움의 연속인 거라네.

그러면 자네는 어떻게 하면 벗어날 수 있느냐고 묻겠지. 음, 사실 나의 냉철한 의견으로는 고통에서 벗어날 수는 없다고 본다네. 하지만 나에게 상담까지 하며 괴로움에 몸부림치는 그대를 위해 조언을 하나 하자면 일단 다른 여인과 바람은 절대 피우지 말라는 것이네. 간혹 어떤 사람들은 허망함과 권태로움을 벗어나기 위해 또 다른 종족 번식의 욕망을 발산하며 바람을 피우지. 그러나 돌아오는 것은 또 다른 권태뿐임을 기억하게.

고통과 권태를 줄이기 위한 가장 좋은 방법은 삶이 원래 그런 것임을 깨닫는 것이라네. 일종의 해탈이라고 할 수 있지. 이 글을 읽고 있는 자네는 지금 내가 굉장히 무책임한데다 아무런 도움도 되지 않는다고 생각하고 있겠군. 하지만 우리가 사랑 때문에 낙심할 때, 원래 사랑의 실체에 행복이 없었다는 것을 아는 것만으로도 큰 위안을 얻을 수 있다네.

만일 자네가 사막에서 오아시스를 찾아 헤매고 있다고 생각해 보게. 그런데 사실 그 사막에는 오아시스가 없다네. 이때 내가 자네에게 "조금만 더 가다 보면 오아시스가 나올 것이네"라고 하는 것이 낫겠는가. 아니면 "이곳에는 오아시스가 없네. 다른 방법을 찾아보게"라고 하는 것이 낫겠는가. 자네가 어떤 쪽을 선택하든 나는 후자 쪽

사람이라네. 나는 자네가 단순히 고통과 권태만 느끼는 사람이 아니라 세상을 아는 사람이 되었으면 하네. 세상은 원래 그런 것이지만 나 혼자만 고통스러워하고 외로워하지 않는다는 것을 알게 되면 훨씬 나으니까 말일세.

나의 방식으로 권태를 이기는 방법은 다른 종류의 희망을 갖는 것이네. 무의식적이긴 하지만 종족 보존의 본능만을 좇다 보니 그것이 충족되었을 때 허탈함과 지루함이 찾아왔을 걸세. 그러니 부부끼리 열정적인 사랑이 아닌 다른 감정, 가령 공통의 취미나 인간관계를 공유하면 사랑은 실질적인 우정으로 바뀌게 되는 거지. 열정적인 사랑은 이미 충족이 되었으니 그에 대해서는 안녕을 고하게. 대신 실질적인 우정으로 삶을 함께한다면 자네의 권태감이 조금은 치료되지 않겠는가? 그런데 우정이 또 싫증 나면 어떻게 해야 하느냐고? 그럼 또 다른 희망을 찾아야 하지. 그렇게 하루하루를 살아내는 것이 내가 아는 유일한 세상이었고 자네에게 미리 알려주고 싶은 인생의 작은 힌트라네.

미래의 벗이여, 현실을 꿈꾸지 말게나. 현실은 단순히 살아가는 것이라네!

독일의 프랑크푸르트에서 쇼펜하우어가

쇼펜하우어가 말하는 '고통에서 벗어나는 방법'

인생이란 고통과의 끝없는 싸움이다. 시간은 누구에게나 똑같은 고통을 안겨준다. 우리는 갖고 싶고, 하고 싶고, 되고 싶은 것이 없다면 어떻게 살 것인가. 아이는 이미 태어나면서부터 이 세상에서 살다가 죽는다는 것을 선고받은 죄수와 같다. … 지혜로운 사람은 강렬한 쾌락보다 다만 고통이 없기를 바란다. 권태는 시간을 느리게 만들고 쾌락은 시간관념조차 없애버린다.

《쇼펜하우어 인생론 에세이》

19세기의 철학자와 과학자는 세계를 합리적으로 바라보았다. 세상은 점점 진보하고 인간은 행복해질 것이라고 생각했다. 그러나 쇼펜하우어는 그의 대표작인 《의지와 표상으로서의 세계》에서 그들의 의견에 반대하는 주장을 펼쳤다.

쇼펜하우어에 따르면 세상은 결코 합리적이지 않으며 맹목적인 의지에 의해 움직인다. 그는 동물이 살고자 하는 충동과 욕망이 바로 의지이며, 동물뿐 아니라 식물이 자라려고 하는 것이나 심지어 물이 위에서 아래로 떨어지는 자연 현상도 의지로 설명하려고 했다. 이성과는 전혀 관계없는 신체 활동으로 드러나는 맹목적인 삶의 의지가 이 세상을 움직인다는 것이다.

그런데 이 충동과 욕망에는 어떠한 근거나 목적도 없기 때문에 언제나 실현되는 것은 아니다. 그러므로 세상은 채워도 채워지지 않는 욕구 때문에 언제나 고통 받는다. 결국 쇼펜하우어는 인간이 이 충동과 욕망을 억제해야만 삶의 고통에서 벗어날 수 있다고 말했다. 편지글에서 보듯이 세상에 대한 기대를 줄이면 그나마 행복할 수 있는 것이다.

염세주의 철학자 쇼펜하우어

"우리에게 실제로 필요한 것 이상의 부는 우리의 행복감에 그다지 영향을 미치지 못한다. 오히려 많은 재산을 유지하느라 쓸데없는 걱정을 하므로 우리의 행복감이 방해받는다."

쇼펜하우어는 부유한 부모 밑에서 태어나 아버지의 상점을 물려받기 위한 수업을 받았다. 진로 문제로 아버지와 갈등을 빚던 중 자살로 추정되는 아버지의 죽음을 계기로 평소에 원하던 철학을 공부하기 시작했다.

그리 행복하지 않은 기억이 많은 어린 시절은 세상에 대한 혐오를 불러일으켰고 그 영향 때문인지 염세주의 철학자가 되었다. 서양 철학사에서는 그리 주요한 인물로 취급되지 않고 있으나 대중들에게는 널리 알려진 철학자이다. 동양 철학의 영향을 받아 플라톤과 칸트Kant의 사유를 불교 및 힌두교와 통합해 역사상 최초로 서양의 형이상학과 동양 사상을 진지하게 연관 지었다는 평가를 받는다. 우리나라에서는 20세기 초반 서양 철학이 들어올 때 '데 · 칸 · 쇼(데카르트Descartes, 칸트, 쇼펜하우어Schopenhauer)'라는 말이 유행할 정도로 큰 영향력을 지녔다.

8

장자
莊子
(BC 365 ~ BC 270년경)

◆

중국 전국시대의 사상가

◆

관련 도서

《장자 莊子》

심각한 고부 갈등, 언제까지 이렇게 살아야 하나요?

삶의 굴레를 벗어던진 장자 씨,

안녕하세요.

결혼한 지 20년이 된 50대 남성입니다. 결혼 후부터 어머니와 아내 사이가 안 좋아서 늘 고민입니다. 저와 아내는 꽤 오랜 시간 연애를 하고 결혼을 했습니다. 사실 연애할 때는 어머니와 아내 사이가 딱히 나쁘지 않았습니다. 다른 집처럼 평범했기에 두 사람의 고부 갈등은 생각도 해본 적 없을 정도입니다. 그런데 결혼하고 나서부터 두 사람 사이에 조금씩 감정이 쌓이더니 이제는 꽤 심각한 상황에까지 이르렀습니다.

현재 아내는 어머니를 아예 보지도 않으려고 하구요. 어머니도 저만 보면 아내에 대해 안 좋은 소리를 하십니다. 이때 제가 아내 편을 들면 어머니는 결혼하더니 며느리에게 자식을 빼앗긴 거 같다며 서운하다고 울고 난리고, 어머니 편을 들면 집에 와서 아내와 한바탕 싸우기 일쑤입니다.

제가 보기엔 특별히 어느 쪽이 잘못하거나 나쁜 것 같진 않습니다. 두 사람 모두 성격이 예민하고 강한 편이어서 서로 조금도 양보하지 않으려다 보니 결국 이렇게 된 것 같아요. 사실 그동안은 두 사람 사이에서 서로의 좋은 이야기도 해주면서 어떻게든 벌어진 사이를 봉합해 보려 노력했지만 허사였습니다. 저도 이제는 지쳐서 가족모임은 절대 하지 않고 있어요. 꼭 가할 일이 생기면 그냥 아들 녀석과 둘이서만 참석합니다. 그러면 또 대체 이 집 며느리는 왜 안 오냐며 친척들이 한바탕 난리를 칩니다. 어머니의 심기가 불편한 건 말할 필요도 없고요.

대체 저는 언제까지 두 사람 사이에서 이렇게 살아야 할까요? 20년간 단단히 굳어버린 고부 사이를 회복할 방법은 없는 걸까요? 어머니도, 아내도 제겐 모두 소중한 사람들인데 어느 한쪽 편만 들 수도 없고 너무 힘이 듭니다.

| 철학자의 답장 |

어머니와 아내 사이, 사공이 되지 말고 빈 배가 되어보게

두 여자 사이에서 이러지도 저러지도 못하는 서글픈 그대여,

자네의 고민은 우리 인류에게 참으로 오래된 것이라네. 물론 내가 살던 시대에는 고부갈등이 그리 심각하지는 않았지. 며느리와 시어머니가 친하거나 서로 사랑했기에 갈등이 없었던 것은 아닐세. 내가 살던 춘추전국시대는 며느리가 감히 시어머니를 함부로 할 수 없었던 시대였기 때문이지.

어머니와 아내가 평화롭게 지낼 수 있을까 하는 자네의 고민에 단도직입적으로 대답해 주겠네. 안타깝지만 그것은 불가능하다네. 어머니와 아내라는 역할이 각자의 입장을 가지고 있고 이는 좀처럼 평화를 이루기 어렵기 때문이지. 지금 자네의 문제는 두 사람의 갈등으로 인해 스트레스를 받는다는 것일세. 그리고 내 눈에는 자네도 고부갈등의 큰 원인으로 보이네만…. 우선 자네의 문제부터 생각해 봄세.

내가 쓴 《장자》라는 책의 '산목山木' 편에는 이런 이야기가 등장하지.

> 배를 띄워 강을 건널 때 빈 배가 와서 부딪히면, 아무리 속이 좁은 사람이라도 화를 내지는 않습니다. 그러나 그 배에 한 사람이라도 타고 있으면, 배를 밀든가 당기라고 소리칠 것입니다. 한두 번 소리쳐도 듣지 못하여 세 번까지 소리치게 되면, 반드시 욕설이 뒤따르기 마련입니다. 전에는 화를 내지 않았으나, 이번에는 화를 내는 것은 전에는 비어 있었고, 지금은 차 있기 때문입니다. 마찬가지로 사람도 자기를 비우고 세상에 노닌다면, 누가 그를 해칠 수 있겠습니까.
>
> 《장자》

나는 이런 상황을 가리켜 '허기유세虛己遊世'라고 한다네. 이는 자신을 비워서 세상에 노닌다는 의미라네.

그렇다면 '자신을 비운다'는 것은 무슨 뜻이겠는가? 자네가 어머니와 아내의 고부 갈등에서 누구의 편을 들어야 하는지 따지는 것은 어리석은 일이라는 뜻이네. 어머니든 아내든 어느 쪽도 편들지 않고 무심해야 하네. 사공이 없는 빈 배처럼 행동해야 한다는 말일세. 이것이 바로 '자신을 비우는' 허기虛己라는 것일세.

시어머니와 아내의 나이는 최소한 20년에서 30년 이상 차이가 날 걸세. 아마 자네는 결혼해 아내와 함께 살면서 그녀에 대해 몰랐던 부분을 꽤 많이 알게 되었을 것이네. 그중에는 분명 마음에 들지 않는 부분도 있지만 사랑으로, 아이의 부모라는 책임감으로 극복했을 것이고. 이처럼 부부 사이도 원만하게 지내기가 쉽지 않은데 시어머니와 아내 사이가 쉽게 친해 질 수 있겠는가? 세대가 다르고 자라온 환경이 다른 두 사람인데 '가족'이라는 새로운 이름만으로 그저 쉽게 친해질 것이라 생각하는 태도가 문제일 수 있다는 말이네.

《장자》의 '외물外物'이라는 편에서는 이런 비유를 들기도 했지. 우리가 들판을 거닐거나 산에 오를 때는 정신이 여유롭고 한가해지지 않는가? 하지만 사람이 많은 시장통을 거닐면 지나가는 사람들과 부딪히지 말아야 한다는 생각으로 온통 신경이 곤두서 있지. 옛날에는 좁은 집에서 하나의 주방을 두고 시어머니와 며느리가 함께 살았다네. 다툼이 없을 수가 없었지. 그래서 나는 이렇게 말했네.

> 사람의 몸속에는 빈 곳이 있어서 음식과 공기가 드나들 수 있으며, 마음에는 천지자연이라는 빈 곳이 있어서 노닐 수 있는 것이다. 집에 빈방이 없으면 시어머니와 며느리가 자리다툼을 할 것이다. 마찬가지로 마음에 천지자연이라는 노닐 곳이 없다면, 여러 욕정이 어지러이 일어난다.
>
> 《장자》

삶에 여유가 없으면 내 몸 안의 부분들조차 다투기 마련일세. 모든 것에 더 잘하기를 기대하는 어머니에게 며느리는 늘 부족하고 모자라 보일 테니 다툴 수밖에 없는 것이지.

그렇다면 해답은 어디에서 찾아야겠는가? 공간적으로나 시간적으로 '거리'를 찾는 것이네. 너무 자주 왕래하지 말고 시어머니와 며느리가 자주 만나지 않도록 시간을 가져 보게. 시어머니도 며느리도 서로를 싫어하거나 미워하려고 그런 것은 아닐 것이네. 어머니라면 아들에 대한 애정이 커다란 관심으로 이어지기 마련이고 그런 커다란 관심이 며느리에게는 부담스럽고 지나친 것으로 보일 수밖에 없지 않겠는가?

어머니와 아내가 좁은 방 안에서 부딪히며 살게 하기보다 너른 들판이나 산에서 여유롭게 거닐 듯이 살게 한다고 생각하게. 그 여유가 생긴다면 두 고부간에 평화는 바람처럼 자연스럽게 찾아올 것일세.

중국의 무하유지향 마을에서, 장자가

장자가 말하는 '관계 스트레스'에서 벗어나는 방법

장자가 말하는 '무정無情'이란 인간다운 감정이라곤 눈곱만치도 없는 비정한 삶의 태도와는 전혀 다르다. 그것은 타자에게 얽매임이 없는 감정적 상태를 가리키면서 동시에 스스로의 감정 때문에 자신의 삶이 손상당하지 않는 상태를 가리킨다. 즉 희로애락의 감정을 느끼지만 그 감정 때문에 삶을 망치는 일이 없는 상태를 의미한다. 예컨대 우리는 슬픈 영화나 드라마를 보며 울고 기뻐하긴 하지만 이 감정 때문에 스트레스를 받지는 않는다. 하지만 현실의 삶에서 우리가 겪는 감정들은 우리에게 스트레스를 유발한다.

장자는 인간을 정신精神을 지니고 살아가는 존재로 이해한다. 인간의 마음은 다른 사람을 향해 있으면서 불쌍한 사람을 보면 측은해 하고 옳지 못한 일을 보면 분노하는 성향을 갖는다. 하지만 그러한 마음의 한쪽 구석에는 다른 사람에게 종속되거나 억압을 당하면 이를 견디지 못하는 성향도 가지고 있다. 이러한 마음의 측면을 장자는 '정신'이라고 불렀다.

장자가 편지글에서 소개한 '허기유세', 즉 "스스로를 비워 세상에 노닌다"라는 말은 이러한 정신의 성향이 현실의 삶에서 겪는 스트레스를 어떻게 피할 수 있을까 하는 고민에서 나온 처방이다. 자신이 원하고 추구하는 삶을 살고자 하지만 때로는 현실이 가로막고 때로는 직장 상사나 부하 직원, 시어머니나 며느리, 남편이나 아내, 심지어는 자식까지 장애가 될 때가 있다. 자신이 원하지 않는 상황에 부닥칠 때 '정신'은 스스로를 부정해야 하는 처지가 된다. 그것은 하나의 속박이나 억압으로 다가온다.

장자는 이러한 피할 수 없는 상황을 떠나거나 버리거나 포기할 것이 아니라 스스로 여유를 만들어 냄으로써 '정신'이 그 안에서 숨 쉴 수 있게 해야 한다고 말한다. 그것은 감정을 느끼되 그 감정에 사로잡혀 스스로를 파괴하는 데에 이르지 않게 하는 것이다. 장자는 자신의 아내가 죽었을 때 양동이를 두드리며 노래를 불렀다고 한다. 그것은 장자가 슬프지 않았기 때문이 아니라, 아내의 죽음으로부터 오는 슬픔 때문에 스스로의 삶이 피폐해지지 않게 하려고 슬픔의 표현 방식을 승화시킨 것일 뿐이다. 삶의 여유를 찾는 것은 자기 자신 이외에 어느 누구도 할 수 없는 일이기 때문이다. 이러한 삶의 방식을 장자는 '유遊' 하는 삶, 그러니까 '스스로의 삶을 향유하는 진정한 삶'이라고 불렀다.

자신의 대표적 저서인 《장자》 첫 편의 제목이기도 한 '소요유逍遙遊'는 두 가지 차원의 의미를 갖는다. 하나는 인간은 공포와 슬픔, 분노와 같은 수많은 감정을 겪으며 살아가는 존재라는 것이다. 그런데 이러한 감정에 얽매여 빠져나오지 못할 때 우리의 삶은 피폐해진다. 따라서 이러한 감정의 얽매임으로부터 스스로를 자유롭게 하는 것이 그 첫째 의미다. 그리고 이러한 감정을 유발하는 외적 요인을 장자는 그것을 외물外物이라고 부른다. 외물로부터 자유로워지는 것이 진정으로 자신의 삶을 누리고 자유롭게 사는 것이다. 거기에는 명예와 돈, 지위와 같은 모든 것이 포함된다. 이것이 두 번째 의미다.

어쩌면 장자는 인간관계에서 오는 스트레스를 가장 먼저 고발한 철학자로서, 여기에서 벗어날 때 삶이 자유롭고 향유될 수 있다고 본 동양 최초의 철학자가 아닐까.

속박에서 벗어나 향유하는 삶을 논했던 철학자, 장자

"큰 지혜는 너그럽고 여유가 있으나, 작은 지혜는 엿보고 살핀다. 훌륭한 말은 담담하나, 하찮은 말은 수다스럽다."

철학자 장자의 이름은 장주莊周이다. 당시 약소국이었던 송나라에서 기원전 365년에 태어나 기원전 270년에 죽은 것으로 추정되지만 정확하지는 않다. 장주는 전쟁이 끊이지 않던 전국시대에 살았던 사람으로서 기록에 따르면 옻나무밭을 관리하는 낮은 벼슬을 지냈으며, 초나라에서 재상으로 초빙했으나 응하지 않았다고 한다.

그가 남긴 저서인 《장자》는 전체 33편으로 이루어진 책으로서 갖가지 유명한 우화와 역설적인 논설로 가득한 작품이다. 하지만 책 전체를 모두 장주가 쓴 것은 아니고 '내편' 7편이 그의 작품일 것으로 추정된다. 나머지는 그의 제자나 후학들이 쓴 것이라 한다.

장주의 사상은 처음에는 천하를 다스리는 제왕의 덕에 초점을 맞추었으나, 나중에는 불우한 자신의 처지와 삶의 경험으로부터 강호江湖를 살아가는 삶의 지혜에 더 큰 관심을 두었던 듯하다. 외부의 간섭이나 억압에서 자유로운 삶으로서 '소요'와 '무위無爲'를 주창하였고, 신분제 사회에서 오는 스트레스와 억압에서 벗어나 향유하는 삶을 뜻하는 '유遊'와 같은 사상을 논하였다. 이러한 자신의 삶을 누리고 가져야 한다는 사상은 후대에 수많은 예술가와 정치적으로 소외된 사대부士大夫에게 커다란 영향을 미쳤다.

9

노자
老子
(생존연대 미상)

◆

중국 춘추시대의 사상가

◆

관련 도서

《도덕경 道德經》

식탐 많은 남자친구, 말릴 방법은 없나요?

소박하고 평화로운 삶을 살았던 노자 씨,

안녕하세요.

저는 평범한 20대 직장인입니다. 요즘 저는 남자친구 때문에 고민이 많습니다. 제가 사랑하는 남자는 자상하고 능력 있고, 재미있고, 정도 많은, 참 좋은 점이 많은 사람입니다. 그런데 딱 한 가지 단점이 있다면 그건 바로 주체하지 못하는 식탐입니다.

처음 이 사람과 만나면서 든 생각은 '먹는다는 것 자체를 참 좋아하는구나!' 하는 것이었어요. 그도 그럴 게 만날 때마다 새로운 집을 알아냈다며 저를 데리고 갔거든요. 요즘 흔히 말하는 맛집 탐방이 취미인 사람이라고 생각했죠. 그런데 시간이 지날수록 이 남자는 맛있는 음식이 아니라, 단순히 양이 많은 음식점을 찾아다닌다는 걸 알게 됐어요. 저희가 가장 즐겨 찾는 음식점은 끝없이 먹을 수 있는 무한리필 전문점과 각종 뷔페랍니다. 네, 맞아요. 제 남자친구는 음식이 아닌 음식점을, 그것도 양이 많은 음식점을 파고드는 사람입니다.

혹여 오해하실까 봐 말씀드리는데 저는 남자친구가 양이 많은 집만 찾아다닌다고 해서 싫은 게 아니에요. 복스럽게 음식을 먹는 모습을 보면 저도 기분이 좋거든요. 하지만 가끔은 분위기 좋은 곳에서 오붓하게 이야기도 나누고 싶고 둘 만의 기념일에는 우아하게 데이트도 하고 싶어요. 그렇지만 남자친구는 그런 곳은 양이 적고 비싸기만 하다면서 절대 가지 않습니다.

얼마 전에는 함께 모임에 나갔는데 저와 제 친구들이 이야기를 나누는 내내 접시에 코 박고 먹기만 하는 남자친구 때문에 창피해 혼났어요. 결국에는 친구들과 헤어진 다음에 이 문제로 싸우기까지 했죠. 남자친구는 남들이 맛있는 것 다 먹기 전에 먹으려면 어쩔 수 없다며 대체 자신이 무얼 잘못했는지 모르겠다고 하네요. 물론 먹는 것 정말 중요하죠. 저도 친구들에 비해 먹는 걸 좋아하는 편이라 남자친구의 마음을 모르는 것은 아니에요. 하지만 때로는 먹는 것보다 더욱 중요한 것도 있는 법이잖아요. 큰마음 먹고 친구들 모임에 남자친구를 데리고 가서 소개했는데 대화는커녕 인사만 나누고 먹기만 하느라 남자친구가 있는지도 모를 정도였으니….

눈앞의 음식을 잠깐 참는다고 당장 죽는 것도 아닌데, 이번 일을 계기로 정말 심각하게 헤어지는 것도 고민 중입니다. 이 세상에 중요한 가치가 얼마나 많은데 남자친구는 오직 먹을 것에만 목숨을 겁니다. 이 남자, 계속 만나도 되는 걸까요? 저는 앞으로도 영영 남자친구에게 있어 음식보다 못한 사람으로 지내야 하는 걸까요? 답답한 제 마음에 단비 같은 해답 좀 내려주세요.

| 철학자의 답장 |

양껏 먹는 것을 좋아한다면 양껏 먹게 해주게!

사랑과 음식 사이에서 소외당한 그대에게,

반갑소, 나는 노자라 하오. 내가 그대의 편지를 읽는 순간 가장 먼저 들었던 생각은 미래에는 참으로 배부른 고민을 한다는 것이었소.

내가 살던 고대 중국에서는 생각도 할 수 없었던 고민이었으니 말이오. 수십 가지 음식을 쌓아놓고 먹는 것도 모자라 계속 채워주는 식당이 있다니. 참으로 행복한 세상에 살고 있구려.

자, 부러움은 잠시 접어두고 자네의 고민에 대하여 이야기해 보세. 그대는 남자친구를 자상하고, 능력 있고, 재미있고, 참 장점이 많은, 좋은 사람이라 했소. 말 그대로라면 보기 드문 신랑감이 아닌가 싶군. 그런데 아쉽게도 '식탐'이 있구려. 가만히 들어보면 문제는 식탐 자체가 아니라 그것이 눈치 없이 드러나기 때문인 것 같군. 그럼 우선 식탐이라는 말을 정리해 보세. 식탐이란 남들보다 많이 먹고 자주 먹거나, 먹는 데 욕심이 많은 것이라네. 하지만 그것이 과식인지 아닌지는 조금 더 따져봐야 할 것 같군. 내가 살던 시대에는 바깥일을 하는 우람한 남성이 한 번에 얼마나 많은 술과 고기를 먹느냐 하는 것이 곧 남자다움의 표상이기도 했으니 말이네.

이렇게 시대가 바뀌면 생각이 바뀌듯이 자네의 고민 또한 내가 살던 시절에는 문제가 될 수 없는 것이네. 그것은 삶이 그만큼 행복해졌다는 증거겠지. 그래도 남는 문제는 바로 욕구나 욕망을 어떻게 다스릴 것이냐 하는 문제라네.

나는 욕망이나 욕구를 부정하고 비판하는 대신 '무욕無欲'을 주장했네. 우리가 가진 쾌락을 최적화시켜야 한다는 말이지. 그러기 위해서는 사람이 지닌 욕망과 만족, 그리고 취향의 관계를 새롭게 이해해야만 한다네. '무욕'이라는 말을 그대로 풀면 '욕망이 없는 상태'를 뜻하나 이는 욕망을 부정하는 것과는 엄연히 다르다네. 우리는 어떤 때 욕망이 일어나고 또 어떤 때 그 솟구치던 욕망이 사라지던가? 우리는 배가 고플 때 먹어야 하네. 먹고 싶다는 욕구는 배를 채워주면 자연스럽게 사라지지. 이 간단한 이야기에 내가 말하고자 하는 핵심이 들어 있네. 바로 욕망은 금지하거나 죄악시할 대상이 아니라 '만족하게 해주어야 할 것'으로 보아야 한다는 뜻일세. 철학적으로 표현하자면 '욕망은 만족감이 없는 상태이고 만족은 욕망이 일어나지 않는 상태'라고 할 수 있지. 이해가 어렵다면 그것에 관련된 이야기를 들려줌세.

나는 아주 오래전에 어린 제자와 소를 타고 길을 가고 있었다네. 끼니때가 되자 제자가 배가 고프다며 징징대기 시작하더군. 그래서 조금만 더 참으면 저녁에 맛있는 고기를 실컷 먹게 해주겠다고 했네. 제자 녀석은 처음에는 좋아라 하더니 시간이 지나자 다시 징징대기 시작했지. 그래서 하는 수 없이 봇짐 속의 주먹밥을 주었더니 아주 맛있게 먹더군. 그러곤 저녁이 되어 푸짐한 상이 차려졌네. 하지만 제자 녀석은 낮에 먹은 주먹밥이 소화가 안 됐는지 그 맛있는 고기를 먹는 둥 마는 둥 했지.

이 이야기를 통해 해주고 싶은 조언은 욕망이라는 것은 무서운 존재가 아니라는 걸세. 그것은 만족하거나 충족할 때 가장 고분고분해지는 성격을 가지고 있지. 금지하고 부정하는 것은 좋은 방법이 아닐뿐더러 욕망은 억압될 때 오히려 화산처럼 폭발할 수도 있다네. 그래서 나는 욕망을 다루는 최고의 방법이 '만족의 기술'을 기르는 것이라고 생각하네. 이를 '만족의 최적화'라고 부르고 싶군. 내가 쓰는 표현으로 하면 '지족知足', 그러니까 만족할 줄 아는 것이란 뜻이지.

그러니 누군가에게 욕망을 참으라고 강요하거나 억제하도록 하는 방법은 멈추어야 하네. 오히려 그런 욕망이 일어나지 않는 삶의 조건을 만드는 것이 중요하니까 말이야. 그래서 우리의 고민은 어떤 방식으로 만족을 달성하느냐는 쪽에 초점을 두고 생각해야 한다는 걸세. 달리 말해 욕망에 중독되는 것을 막는 지혜가 필요한 것이지. 욕망에 중독된다는 것은 실현 불가능한 욕망을 위해 지금 만족시킬 수 있는 것을 지연시킬 때 일어난다네.

평소 애인이 양껏 먹는 것을 좋아한다면 양껏 먹게 해주는 것이 욕망을 다스리는 최고의 방법이 아니겠는가? 대신 양껏 먹고 난 후에 근교의 분위기 좋은 곳에 가서 차도 마시고 이야기도 나눈다면, 예의 그 자상하고 멋진 남자가 되어 있지 않겠는가?

자네의 눈에 그가 게걸스럽게 식탐을 부리는 돼지처럼 보인다면 그는 돼지일세. 그 사람의 관심과 욕망이 바로 그 사람 자체이기 때문이지. 능력 좋은 그도 식탐을 부리는 그도 모두 자네가 사랑한다면 인정해야 할 모습들일세. 나 같으면 왜 그는 내가 원하는 모습대로 행동하지 않을까 하며 그의 욕망을 금지하기보다 어떻게 내가 원하는 것을 만족스럽게 채울 수 있을지를 고민하는 쪽으로 방향을 바꾸겠네.

아무쪼록 버리면서 얻고, 비워서 채우시게나. 그것이 자네와 그 모두가 만족할 수 있는 길일세.

중국 허난성의 도화원에서 노자가

노자가 말하는 '욕망'을 다스리는 방법

욕망에 관해 노자는 자신의 저서에서 다음과 같은 유명한 말을 남겼다.

오색찬란함은 사람의 눈을 멀게 하고 혼잡한 소리는 사람의 귀를 먹게 한다. 맛좋은 음식은 사람들의 입맛을 버리게 하고 달리는 말에서 사냥하는 재미에 빠지면 사람의 마음을 미치게 만들고 희귀한 재물은 사람의 품행을 그르친다. 그러므로 성인은 배만 부르면 되고 눈의 즐거움을 취하지 않는다. 그러하기에 필요 이상의 욕심은 버리고 꼭 필요한 것만 취한다.

《도덕경》

노자는 인간의 욕망이라는 문제를 다룰 때 욕망을 금지하거나 배제하는 방식을 바람직하지 않다고 본다. 오히려 욕망의 충족을 추구하는 것이 좋다고 여긴다. 그래야 진정으로 욕망을 통제할 수 있기 때문이다. 그런 의미에서 노자의 철학은 욕망의 금지보다는 만족의 기술을 통해 욕망을 다스리려는 것이며 욕망의 억압보다 만족을 통해 욕망을 제거하려는 사상을 주장한다. 마치 《대학大學》이라는 책에서 "가장 좋은 상태에 멈추어서 움직이지 않는다"라고 한 것과 같다. 이러한 방식으로 욕망을 제거함으로써 욕망이 일어나지 않는 상태에 머물 듯이 살아가는 것을 '무욕無欲의 삶'이라고 말한다.

하지만 인간의 욕망은 점점 확장되는 성질을 가지고 있다. 그러한 욕망의 확장을 악하다고 할 수는 없으나 좋다고도 할 수는 없다. 점점 더 만족이 어려워지고 만족도는 갈수록 낮아지기 때문이다. 우리는 이런 현상을 '중독'이라고 부른다. 중독은 생리적으로나 의학적으로 좋은 것일 수 없다. 《도덕경》은 인간의 욕망을 부정하는 것이 아니라, 욕망에 중독되는 현상을 걱정하고 비판한 것이다. 한마디로 욕망의 만족을 달성한 상태에서는 브레이크가 필요하다고 말하는 것이다.

그래서 《도덕경》은 눈이 멀고 귀가 먹고 마음이 미치고 행동이 어지럽게 된다는 말로 표현한 것이다. 그렇다고 해서 욕망을 부정하거나 금지하지는 않는다. 오히려 욕망은 충족의 대상이며 욕망이 충족될 때 욕망이 사라진다고 본다. 노자는 그러한 생각을 《도덕경》에서 "성인은 배를 위하지 눈을 위하지 않는다"라고 말한다. 이는 금욕을 말하지 않는 동양철학의 공통된 특징 가운데 하나다.

물론 오늘날 소비와 표현이 자유로운 자본주의 사회에서 노자의 사상을 곧이곧대로 받아들이기에는 현실적으로 어렵다. 하지만 욕망을 다루는 최선의 방식은 만족에 초점을 맞추어야 하며, 만족의 기술을 통해 다루어질 때 가장 효율적으로 욕망이 다스려질 수 있다는 생각은 충분히 곱씹어볼 만한 주장이다. 과연 우리는 미래의 만족을 위해 현재의 고통을 감내하는 삶이 좋다고 할 수 있을까? 어쩌면 그것은 욕망을 해소하고 실현하는 삶이 아니라 지속적인 욕망의 상태에 둠으로써 우리의 삶을 욕망에 중독된 상태로 내버려두는 것은 아닐지 생각해 보자.

무위와 자연의 철학자, 노자

"차고 넘치면 적당한 때에 멈추는 것이 낫다."

노자는 흔히 우리에게 그의 이름을 딴 《노자老子》이자 《도덕경》이라고 불리기도 하는 책의 저자로 알려져 있다. 그는 장자와 더불어 도가道家를 대표하는 철학자이기도 하다.

오늘날 노자의 철학을 가리키는 가장 친숙한 표현은 '무위'와 '자연'이다. 여기에서 무위란 아무것도 하지 않는 것이 아니다. 억지를 피하고 자연스럽게 행하는 것을 가리킨다. 인간의 문명은 인위와 강제를 수반하는데 이러한 방식의 삶은 인간의 자연스러운 본성과 삶을 해치므로 타고난 본래의 본성에 따르는 소박한 삶으로 돌아가야 한다는 뜻으로서, 억지로 함이 없이 자연스럽게 살아가는 삶이라고 새겨진다. 이러한 해석을 통해 현대문명의 역기능, 환경 파괴, 불필요한 금지와 간섭을 비판하는 철학으로 이해된다.

2장

내 마음을 찾고 싶은 그대에게

10

프리드리히 니체

Friedrich Nietzsche

(1844~1900)

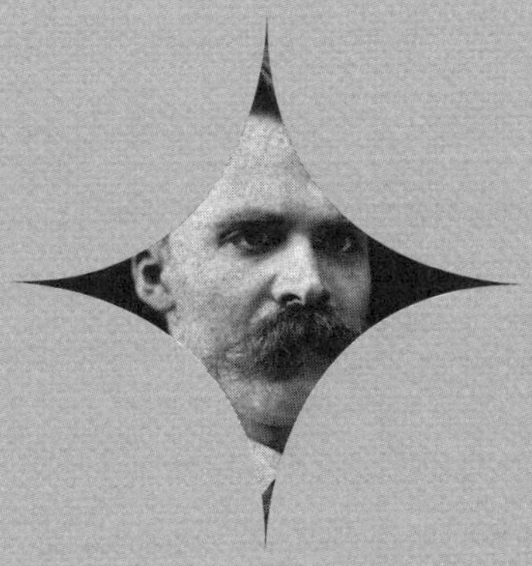

◆

독일의 시인, 철학자

◆

관련 도서

《비극의 탄생 Die Geburt der Tragödie》, 1872

《반시대적 고찰 Unzeitgemässe Betrachtungen》, 1873~1876

《인간적인, 너무나 인간적인 Menschliches, Allzumenschliches》, 1878

《차라투스트라는 이렇게 말했다 Also Sprach Zarathustra》, 1883~1885

어떻게 해야 내 인생을 되찾을 수 있을까요?

인간적인, 너무나 인간적인 니체 씨,

안녕하세요.

중학교 2학년 딸아이를 둔 40대 초반 남자입니다.

요즘 하도 여기저기서 영어 교육이 중요하다는 통에 가족이 오랜 시간 상의한 끝에 2년 전에 딸과 아내를 캐나다에 보냈습니다. 저희 부부에겐 무엇보다 아이의 교육이 가장 우선이었거든요. 우리 가족이 살던 아파트는 전세를 내주고 저는 두 평 남짓한 고시원에서 혼자 생활하고 있습니다.

아내와 딸이 캐나다로 간 날부터 제 생활은 완전히 바뀌었습니다.

9시간이 넘도록 직장에서 시달리다 작은 창문 하나 없는 고시원으로 돌아오면 제일 먼저 컵라면을 먹습니다. 방이 워낙 좁아 1인용 침대 위에 앉아서 먹어야 하죠. 그렇게 저녁을 대충 때우고 공용 목욕탕에서 씻고 나와 옥상에서 담배를 한 대 태우는 게 하루의 전부입니다. 지난 2년간 이런 생활을 반복해 왔습니다.

눈에 넣어도 아프지 않을 만큼 사랑하는 딸을 위해서라면 아버지로서 이 정도쯤이야 당연히 해줄 수 있다고 생각합니다. 하지만 감기라도 걸려 홀로 침대에 누워 아무것도 못 하고 끙끙 앓기만 하는 날이면 그냥 이대로 영원히 잠에서 깨어나고 싶지 않다고 생각하기도 합니다. 가족이 곁에 있다면 이렇게 외롭지도 않고, 아플 때면 챙겨주기도 하겠죠? 유독 일이 힘든 날이면 잠깐이나마 하소연할 수도 있을 겁니다. 하지만 가족은 지금 제 곁이 아닌 캐나다에 있습니다. 그리고 제 인생은 어느 때보다 쓸쓸하고 황량합니다.

딸이 캐나다에서 열심히 공부해 영어 실력이 늘어날수록 아이의 미래는 밝아지겠죠? 아이는 분명 저보다 더 나은 인생을 살아갈 수 있을 겁니다. 그런데 그 다음은요? 환갑이 넘은 저와 아내에게는 어떤 인생이 남아 있을까요? 지금처럼 덧없는 삶이 계속 이어지는 것은 아닐까 하는 불안함이 엄습합니다.

늦은 밤 토크쇼를 보면 유명한 연예인이나 스포츠 선수 부모들은 자식 하나 잘 가르쳐보겠다고 본인 인생도 포기하면서 살던데…. 저는 아직 철이 덜 든 것일까요? 당장에라도 지금 생활을 그만두고 가족들을 한국으로 데리고 와서 함께 살고 싶습니다. 예전의 평범한 삶이 너무도 그리워요. 하지만 이런 생각을 할 때마다 자식의 미래는 생각하지 않는 제 마음이 너무 이기적인 것은 아닐까 하는 죄책감도 함께 듭니다.

친애하는 니체 씨, 제 인생은 어떻게 해야 할까요? 아니, 어떻게 해야 제 인생을 되찾을 수 있을까요?

| 철학자의 답장 |

낙타의 삶을 사는 그대여, 어린아이의 정신을 맞이하게!

아버지라는 이름의 나약한 가장이여,

내 장담하건대 이런 고민을 하는 당신에게 미래는 없네. 아니 미래는커녕 삶에 대한 희망도, 당신의 건강도, 기억해야 할 현재 또한 없다고 말할 수 있지. 나에게 당신은 자신의 삶에서 중요한 가치가 무엇인지 알지 못하고 그저 쫓기듯 일상을 살아가는 흡사 노예처럼 보이기 때문일세.

혹시 알고 있는지 모르겠지만 나는 육체적으로 건강하지 못했다네. 대학 시절에 걸린 병이 나이 들수록 심해졌기 때문이지. 지옥과도 같은 두통을 경험하고 하루에도 몇 번씩 기절하곤 했다네. 약을 먹으면서 버티곤 했지만 어떨 때는 정말로 힘이 들어 포기하고 싶었다네. 아마 당신네들은 상상하기 힘든 고통일 거야. 하지만 신기하게도 발작과 발작 사이 그 짧은 시간에 기적처럼 평화로운 순간이 찾아왔지. 그때야말로 무엇과도 바꿀 수 없는 온전한 나만의 시간이었어. 그러면 나는 정말 미친 듯이 글을 썼다네.

잠깐씩 찾아오는 평화에 휴식 대신 글쓰기를 선택한 이유가 궁금한가? 글쎄 이렇게 말하면 이해가 되려나. 마치 인간은 수목과도 같네. 높이 올라가려는 나무의 뿌리가 더 강하게 땅속 깊이 들어가야 하듯이 나는 생각에 생각을 거듭하면서 높은 것과 낮은 것을 함께 바라보려고 하지. 아무리 몸은 힘들어도 나의 삶이 무엇을 요구하는지 나의 높은 긍지를 지키고 싶은 마음 때문이라네.

그래서 나는 육체적으로는 아프지만 정신적으로는 누구보다 건강한 사람이라네. 그렇기에 내 삶에서 스스로 주인이 되고자 하는 나는 죽음과도 같은 노예의 삶을 사는 자네와는 다르다네. 내가 원하는 것이 무엇인지, 그것을 이루기 위해 무엇이 문제가 되는지를 누구보다 명쾌하게 인식하고 글로 표현할 수 있기 때문이지. 걱정할 필요는 없네. 이런 삶은 어려운 게 아니니까. 어떻게 하면 당신이 나보다 더 건강한 삶을 살 수 있는지, 왜 우리가 죽음이 아닌 삶을 소망해야 하는지 알려주겠네.

낙타와 사자, 그리고 어린아이의 정신 변화에 대한 3가지 이야기라면 충분하다네. 인생을 찾고 싶다는 자네의 고민에 웬 동물들과 어린아인가 싶겠지만 일단 집중하고 들어주길 바라네.

그럼 낙타 이야기부터 시작해 볼까? 사막을 건너며 고행하는 낙타는 정작 자신이 왜 이런 고행을 해야 하는지 모른다네. 그러니 자신의 것도 아닌 무거운 짐을 지고 뜨거운 모래 위를 걸어야 하는 이유를 묻지 않지. 모든 것이 자신의 과제이자 숙명이라고 믿는 낙타에게 의심이나 불평은 어울리지 않아. 오히려 그 고통을 견디며 그저 '삶은 이런 것이야' 하고 스스로를 위로할 뿐이네.

어떤가. 꼭 자네 같지 않은가? 자신이 원하는 것이 무엇인지도 모르고 '해야만 하는' 의무를 그저 묵묵히 짐을 견디는 인생이 말일세. 낙타가 진 짐은 자네에게 부과된 삶의 과제와도 같지. 자네의 의지와 관계없이 강요되거나 부과되는 과제, 그러니까 딸아이의 영어 공부

말일세. 하지만 이 고행에는 반드시 끝이 있지. 어떤 결말인지 궁금한가? 간단하다네. 그저 무거운 짐을 잔뜩 지고 황량한 사막을 걷고 또 걷던 낙타는 결국 언젠가 지쳐 쓰러져 죽네. 복종하고 순응하는 인생이란 이런 것이지.

그렇다면 다음에 등장하는 사자는 어떨까? 사자는 낙타보다는 용감한 존재라네. 사자는 낙타의 짐 따위는 내던져버리고 자신은 자유를 원한다고 말하지. "너는 해야 한다"는 요구에 그저 복종했던 낙타와 달리 사자는 "나는 자유를 원한다"라고 말할 줄 안다네. 자신을 구속하는 것으로부터 벗어나 자유를 갖기 위해서는 반드시 그만큼의 아픔과 고통이 따르지. 하지만 사자는 주변을 호령하면서 사방을 얼음처럼 만들어 버리기만 할 뿐이라네.

그러니 자신에게 씌워진 굴레를 부정하면서 얻은 자유 속에서 정작 자신이 원하는 것이 무엇인지 알지도 못하는 무능한 존재들이지. 'No'라고 말할 줄은 알지만 거기서 끝나버리고 마는 사자에게 희망찬 미래가 있을까? 미래가 없는 삶에는 과거도 현재도 의미가 없다네. 하지만 분명 이러한 부정적인 정신보다 더 고귀하고 힘찬 긍정의 정신이 어딘가에 있을 걸세.

그것은 바로 어린아이의 정신이네. 그들에게는 무엇이든 놀이가 되지. 삶 자체가 하나의 즐거운 놀이의 과정이라네. 한 아이의 아버지인 당신이라면 아이가 없는 나보다 더 잘 알 수도 있겠군. 아이가 한창 자라나던 때를 떠올려보게나. 아이들은 돌멩이도, 모래더미도, 종이 한 장도 모두 놀이로 만들어 버리지. 세상에 없는 규칙을 만들고 즐기는 아이들의 놀이를 보면 그들이 세상에서 가장 위대한 예술가처럼 보이지 않던가? 내가 어린아이의 정신에 관해서 썼던 멋진 구절이 어딘가에 있을 텐데…. 옳지, 여기 있군.

"아이는 순진무구함이며 망각이고, 새로운 출발, 놀이, 스스로 움직이는 수레바퀴, 최초의 움직임이며, 성스러운 긍정이 아닌가. 그렇게 창조라는 유희를 위해서는 형제들이여, 성스러운 긍정이 필요하다. 이제 정신은 자신의 의지를 원하고 세계를 상실한 자는 이제 자신의 세계를 되찾는다."

선과 악에 대한 구분이나 인종차별도 없고, 주위의 환경을 그대로 받아들일 줄 알며, 끊임없이 새로운 세계를 창조하는 어린아이에게는 매 순간이 즐거움으로 가득 차 있다네. 그런 놀이와 같은 삶 속에서 아이는 자기 자신을 만들어가는 것이지. 그리고 자기 삶의 주인이 된다네.

물론 누구에게나 낙타의 정신만이 혹은 사자의 정신만이 충만한 것은 아니라네. 우리는 모두 이 세 가지 정신을 각각 다른 비율로 가지고 있는 것이지. 중요한 것은 어떻게 하면 낙타와 사자로부터 멀리

거리를 두고서 어린아이의 정신을 더 많이 가질 수 있을까 고민하고 노력하는 일이라네.

어떤가? 내가 자네에게 하려는 말이 무엇인지 이제 짐작이 가는가? 당신은 영락없는 낙타의 상태일세. 자식을 돌봐야 한다는 짐을 지고 뜨거운 사막을 건너는 낙타. 때로는 '내가 언제까지 이런 일을 해야 하나' 하고 사자 같은 마음이 들기도 하지만 얼른 그 마음을 집어넣고 충실한 낙타처럼 행세하지.

이제 이 사자의 물음을 더 이상 외면하지 말고, 조금 더 나아가 어린아이의 정신을 맞이하는 것은 어떻겠나? 아이를 타국에 보내고 이 고생을 하는 것이 모두 아이의 미래와 행복을 위해서였겠지? 하지만 누가 장담하던가? 외국어만 잘하면 그 아이의 인생이 행복해질 거라고. 최선의 방법이 세상에 오직 하나뿐이던가?

이보게나. 그런 세상은 내가 사는 1800년대에도 자네가 산다는 2000년대에도 없다네. 세상 사람의 모습이 천 개라면 최선의 방식도 천 개가 있는 거란 말일세. 왜 세상이 제시한 하나의 알량한 기준에 따라 자신의 인생을 버리고 방치하는 것인가? 언제까지 그럴 셈인가? 자네는 어린아이가 놀이를 창조하듯이 아이와 자네가 함께 행복해지는 최선의 방법이 무엇인지 곰곰이 상상해 본 적이 있는가? 아마도 자네가 '아이의 영어 실력이 늘어나는 것으로 충분해'라고 생각하는 순간 자네의 인생은 앞으로 나아가지 못하고 멈춰버렸을 걸세. 그런 인생에 행복이 찾아올 리 없다네.

자네가 생각하는 행복이 무엇인지는 모르겠네. 그건 자네가 생각할 일이지. 그런데 말일세, 내가 육체적으로 건강한 젊은 시절로 돌아갈 수만 있다면, 그리고 내게 자식이 있다면 나는 이런 모습을 꿈꿀 것 같다네. 아이와 함께 놀고, 아이의 성장을 지켜보며, 그 아이가 무엇을 잘하고, 무엇을 원하는지 나에게 귓속말로 수줍게 이야기하는 그런 꿈을 꾸고 싶다네. 이 모든 과정을 잃어버린 채 그 대가로 외국어만 잘하는 아이가 어느 날 부쩍 커버린 모습으로 내 앞에 선다면 행복은커녕 알 수 없는 슬픔이 느껴질 것 같다네. 놀이와 창조는 가진 자의 유희가 아니라네. 자기 삶의 방식에 맞는 최선의 길을 발견하는 것. 그것이 새로운 사유와 실천의 진정한 방법이야.

나의 형제여, 창조의 놀이에는 신성한 긍정이 필요하다네, 이제 정신은 제 스스로의 의지를 바라고 세계를 상실한 자는 자신만의 세계를 싸워서 되찾아야 하네. 지금이라도 당장 아이와 아내에게 편지를 보내게.

돌아오라고. 함께 하고 싶다고 말일세.

스위스의 실스 마리아 호수 곁에서 니체가

니체가 말하는 '정신의 세 단계 변화'

니체는 자신의 저서 《차라투스트라는 이렇게 말했다》에서 인간의 정신세계는 세 단계의 변화를 거쳐야 한다고 말했다. '낙타'와 '사자', '어린아이'의 정신세계가 그것이다. 우선 의무와 희생으로 억압된 삶을 살아가는 노예와 같은 낙타의 정신세계에서 출발한다. 다음은 낙타의 짐을 벗어 던지고 무조건적인 부정을 외치며 자신의 지배영역을 넓혀나가며 자유의지를 상징하는 사자의 정신세계를 거친다. 궁극적으로는 자신만의 방식으로 놀이에 집중하며 즐거움을 창조하는 어린아이에 이르는 정신의 변화를 맞이하는 것이다.

니체가 설명하는 각각의 단계는 '신은 죽었다'라는 그의 대표적인 철학과 연결된다. 이 말은 신이 죽었음을 의미하는 것이 아니라 인간의 나약한 삶을 비판하는 것이다. 사람들은 인간을 구원해 주는 존재인 신에게 자신의 삶을 맡기고 내세를 통해 삶을 위로했지만, 이를 극복하기 위해 니체는 '신은 죽었다'고 선언한 것이다. 그리고 신의 죽음 이후에 어떠한 정신의 변화를 거쳐 스스로 삶의 주인이 되어야 하는지, 그리고 왜 우리가 생을 긍정해야 하는지를 이야기한 것이다.

특히 마지막 어린아이의 단계를 생을 긍정하고 누구에게 기대지 않은 채 삶을 이끌어나가는 인물이자 위버멘슈Übermensch라고 소개했다. '초인'으로 번역되는 이 인물은 우리가 지향해야 할 삶의 방식을 대변한다. 초인은 언제나 자신을 긍정하며 자유로운 정신으로 현재를 극복한다. 이러한 위버멘슈의 극복은 현재의 위기로부터의 일회적인 벗어남이 아닌 자신의 삶과 스스로에 대한 끊임없는 질문과 실천을 지칭한다.

니체는 《차라투스트라는 이렇게 말했다》에서 다음과 같이 말했다.

> 인간은 극복되어야 할 그 무언가이다. 그대들은 인간을 극복하기 위해 무엇을 했는가? … 그대들은 벌레에서 시작하여 인간에 이르는 길을 걸어왔지만, 아직 그대들의 내면은 많은 부분에서 벌레다. 일찍이 그대들은 원숭이였고, 지금도 인간은 어떤 원숭이보다 더한 원숭이다.
>
> 《차라투스트라는 이렇게 말했다》

인간의 자기 극복은 끝이 없는 현재진행형임을 강조한 것이다. 현재를 지속적으로 극복하는 자만이 자신의 과거를 구원하고 새로운 과제로서 미래의 자신을 만날 수 있는 것이다. 현재 상태에서 자기 극복을 멈추고 정체한 사람들은 '원숭이보다 더한 원숭이'거나 '많은 부분에서 벌레'에 가깝다. 독설처럼 들리기도 하는 니체의 말은 우리의 삶이 하강하지 않길 바라는 진심에서 우러나온 것이다.

나아가 세상의 모든 것은 우연이지만 그것이 자신의 삶에게 전개될 때 필연이라면, 그리고 진정 필연으로서 자신이 받아들일 수 있도록 현재에 최선을 다하는 것이 운명이라면, 그 운명을 사랑하는 것을 '운명애Amor fati'라고 부른다. 라틴어로 '네 운명을 사랑하라'는 뜻의 이 말은 자신에게 필연으로 닥쳐온 운명을 묵묵히 따르기만 해서는 안 됨을 뜻한다. 아무리 고통과 고난으로 점철된 삶이라도 자기 인생을 사랑하는 마음으로 자존감을 키우고 극복하다 보면 강력한 정신력과 생명력이 생긴다. 이는 자신의 운명을 긍정적으로 바꿔준다. 이처럼 삶에 대한 운명애를 갖기 위해서는 세상이 정해 놓은 가치, 상식, 기준, 원칙이 자명한 것인가를 질문해 보고, 우리 시대의 신들을 파괴함으로써 새로운 삶의 방식이 창조되어야 한다고 니체는 주장했다.

생의 긍정, 자유정신을 설파하는 니체야말로 과거에서 온, 하지만 미래의 소식을 우리에게 선물로 가지고 온 그 누구보다 소중한 손님이다.

과거로부터 온 미래의 철학자, 니체

"인간에게 지상과 삶은 무거운 것이다. 그것이 바로 중력의 영향이 원하는 것이다! 그러나 가벼워져서 새가 되려고 하는 자는 자기 자신을 사랑해야 한다."

"신은 죽었다"라는 말은 니체를 어떤 철학자보다 그를 유명하게 만들었다. 하지만 니체 사상의 핵심은 신의 죽음 그 자체가 아니다. 오히려 신이 죽은 곳에서 비로소 가능한 생에 대한 긍정이었다.

26세라는 젊은 나이에 바젤 대학의 고전문헌학 교수로 시작된 니체의 인생은 탄탄한 미래를 보장받은 듯했다. 하지만 당시 독일의 경직된 학문 분위기와 니체의 파격적인 행보가 빚어낸 긴장과 대립은 그의 건강을 위협했다. 결국 교수로서의 니체는 건강 악화로 위기에 봉착한다. 이후 바젤에서의 생활을 정리하고 스위스에서 요양을 하면서 집필에 몰입한 니체는 많은 저작들을 남겼다. 그중에서 니체 사상의 핵심이라고 평가받는 저서가 바로 《차라투스트라는 이렇게 말했다》이다.

이 책에서 니체는 기존의 철학서와는 다른 풍부한 은유와 상징, 함축성을 띤 비유를 통해 철학적 글쓰기에 일대 혁명적 변화를 감행했다. 이러한 그의 스타일은 이후 철학만이 아닌 예술을 위시한 다양한 영역에서도 하나의 영감이자 방법으로써 활용되고 있다. 특히 이성과 주체, 논리와 언어 중심의 2000년 철학사에 통렬한 비판을 가한다. 덕분에 상대적으로 폄하되어 왔던 감성과 욕망, 신체에 대한 긍정성을 발견했다는 점에서 니체의 철학은 논리와 이성으로 무장한 창백한 인간이 아니라 생과 의지로 점철된 피와 온도를 가진 인간을 발견했다고 평가받는다.

니체는 삶의 지반을 뒤흔드는 질문을 던졌던 용감한 회의주의자였음에도 불구하고 '자신의 지옥'이라고 부르던 병마로부터 결코 자유로울 수 없었다. 종국에는 식물인간인 채로 10년을 연명하다가 1900년에 외로운 생을 마감하게 된다. 하지만 생에 대한 긍정을 통해 철학함의 의미를 설파했던 니체의 사상은 철학의 역사와 우리의 삶에 불멸의 모습으로 남아 있다.

11

마르틴 하이데거

Martin Heidegger

(1889 ~ 1976)

◆

독일의 철학자

◆

관련 도서

《존재와 시간 Sein und Zeit》, 1927

《형이상학 입문 Einfüehrung in die Metaphysik》, 1935

《사유란 무엇인가? Was Heisst Denken?》, 1952

《이정표 Wegmarken》, 1961

암을 이겨냈지만 마음의 병은 여전해요

고집스러운, 그러나 신중한 하이데거 씨,

안녕하세요.

저는 평범한 40대 주부입니다.

솔직히 말씀드리면 얼마 전까지는 평범하지 못한 주부였어요. 지난해에 암 선고를 받았거든요. 전혀 생각도 못 했는데 갑작스럽게 진단을 받아서 놀랄 시간도 없었죠. 바로 수술을 하고 항암치료도 받았어요. 치료를 마치고 돌아보니 벌써 9개월이나 지났더군요.

병원에서는 생각보다 결과가 좋다면서 완치 판정을 내렸습니다. 저도 가족들도 너무나 기뻐 얼싸안고 눈물을 흘렸죠. 이제 큰 걱정은 덜었다면서 서로 위로도 해줬답니다.

하지만 문제는 완치 판정을 받은 다음부터였어요. 막상 치료를 받을 때는 모든 것이 처음 겪는 일이어서인지 정신없이 시간이 지나갔어요. 그런데 지금은 매 순간이 두려워 견딜 수가 없어요. 이제 겨우 살 만해졌다고 생각했는데 암 선고를 받았다는 충격이 제법 컸던 것 같아요. 하루 종일 머릿속에는 암이 재발하면 어떡하나, 다른 곳에 전이된 것은 아닐까, 정말 내 몸에 암세포가 없는 걸까, 다른 병에 걸리는 것은 아닐까, 아직 결혼도 하지 않은 아이들은 또 어떻게 해야 하나, 만일 내가 죽는다면 남편은 나 없이 혼자서 잘 지낼 수 있을까 하는 생각뿐입니다. 아침에 눈을 떠서 잠드는 순간까지 온통 걱정, 걱정뿐입니다.

그것만이 아니에요. 음식이 건강에 영향을 미치지는 않을까 하는 우려에 밖에서는 아무것도 먹지를 못하고 피치 못할 사정 때문에 운동을 거른 날은 괜스레 불안해서 일이 손에 잡히지 않을 정도죠. 저를 걱정하는 가족들의 배려나 친구들의 안부, 주변의 위로도 모두 싫어서 저도 모르게 마음의 문을 닫아버렸어요. 이젠 그저 죽음이 두려울 따름이죠.

이렇게 매사에 온 신경이 예민해진 저 때문에 이제는 온 식구가 지칠 지경이에요. 다들 제 눈치를 보느라 제대로 먹지도 못하고, 편하게 말하지도 못하고…. 집안 분위기가 아프기 전과는 확연히 달라진 것을 느낍니다. 며칠 전에는 딸아이가 참다 참다 저에게 그러더군요. 왜 그렇게 벌벌 떨면서 사느냐고요. 지금 엄마가 식물인간과 다를 게 무엇이냐고요. 그 말에 적잖이 충격을 받았어요. 고생해서 아픈 몸을 치료했는데 죽음에 대한 두려움 때문에 예전처럼 지내지 못한다는 사실이 너무 힘들어요.

대체 어떻게 해야 제 마음을 추스를 수 있을까요? 그리고 남은 삶을 어떻게 살아나가야 할까요?

| 철학자의 답장 |

죽음의 공포가 아닌 그것의 한계를 받아들이게

살아 있음을 걱정하는 그대여,

인간이 마주하게 될 가장 극단적인 상황인 죽음을 고민하는 당신은 매우 절박해 보이는구먼. 미안하지만 나는 당신의 육체를 치료할 수 있는 의사도 아니고 옆에서 따스하게 기도와 위로를 건넬 수 있는 친구나 동반자도 아닐세. 그저 평생 '존재'란 무엇인지, '있음'이란 무엇인지 연구한 철학자일 뿐이라네. 하지만 내가 연구해 온 존재와 삶에 관한 문제는 결국 인간이라면 누구나 품을 수밖에 없는 '죽음'이라는 불안감과 연결되어 있다네. 그러니 내가 그대에게 건네줄 이야기는 질병의 고통으로 죽음이 두려워진 그대와 이 세상에 던져져 살아가고 있는 우리 모두에게 해당한다네.

우리는 삶 속에서 새로운 생명의 탄생을 경험하기도 하고, 반대로 생명의 불씨가 꺼지는 죽음을 경험하기도 하지. 이 모든 순간에 있어서 우리는 '살아있다'고 느끼는 존재자라는 것을 잊어서는 안 된다네. 하지만 다른 시각으로 본다면 우리는 지금 이 순간에도 조금씩 '죽어가는' 존재이기도 하지.

앞서 말했듯이 나는 평생을 존재란 무엇인가에 관한 해답을 찾아 수많은 생각을 거듭한 철학자라네. '존재한다'는 것이 무엇인지, '있다'는 것은 어떤 의미인지 곰곰이 생각하던 중 나는 하나의 깨달음을 얻었지. 그건 바로 내가 그토록 알고 싶은 '존재'라는 것이 무엇인지 궁금해할 수 있는 존재가 세상 만물 중에서 오직 인간뿐이라는 사실일세.

무슨 뜻이냐고? 생각해 보게. 묻는다는 행위가 그러하지 않은가.

자신이 궁금해하는 것에 관해 전혀 아는 것이 없다면 질문 자체가 불가능하지. 그러니 인간처럼 살아 있는 동물이라 해도 존재에 관한 질문을 던질 수는 없다네. 반대로 전지전능한 모든 것을 알고 있는 신에게는 질문 자체가 불필요하지. 물음에 관한 답을 알고 있으니 질문이란 그저 무의미한 물음일 뿐일 테니까. 그러니 결국 오직 인간만이 존재에 관해, 살아 있음에 관해, 더불어 죽음에 관해, 그리고 모든 것에 관해 궁금해할 수 있는 것이지.

어떤 철학자는 인간이 동물과 구별되는 능력이 말과 글을 사용하고 이성적으로 생각하는 것이라고 하지만 내가 볼 땐 그건 모두 뜬구름 같은 이야기일 뿐이네. 인간이 인간일 수 있는 건 죽음이라는 필연적인 한계를 통해 존재의 의미를 묻기 때문이지. 절대 죽지 않는 인간은 없으니, 죽음이란 살아 있는 인간이라면 누구나 품고 있는 불안함이기도 하네. 동시에 죽음은 그 의미를 통해 삶을 되돌아볼 기회를 주는 것이기도 하지.

생각해 보게. 죽음을 떠올리면 어떤 기분이 드는가? 슬픔, 이별, 상심, 고통, 끝…. 한없이 부정적인 감정을 느낄 것이네. 하지만 죽음이라는 한계 상황을 인식한다는 것 자체는 그대가 지금 살아 있다는 것을 파악하는 계기이기도 한다는 걸 알겠나? 살아 있지 않다면 죽음이 무엇인지 궁금해할 수도, 죽음을 두려워할 수도 없으니 말일세.

이때 내가 죽을 수밖에 없는 '죽음을 향한 존재'라고만 받아들여서는 안 된다는 것이 중요하다네. 그저 죽음을 공포의 대상으로 여기고 그 공포에 사로잡힌 인간은 천적 앞에서 떨고 있는 연약한 사슴과 다를 바 없는 존재자가 되고 마니까.

그대여, 이렇게 생각해보는 것은 어떻겠나. 그대는 보통 사람과 달리 존재라는 이 질문에 단단히 걸려버렸네. 죽음을 통해 삶의 의미가 더욱 절박해지는 경험을 하게 된 것이지. 그러니 이 경험을 단순히 죽음의 공포로 수용할 것이 아니라 부디 죽음을 인간의 필연적인 한계 그 자체로만 받아들이길 바라네. 죽음이라는 극단적인 가능성을 부여받은 것은 인간임을 증명하는 물음인 동시에 자신의 존재 의미를 물을 수 있는 특권이라고 말일세. 죽음을 생의 끝으로 받아들이기보다 인간이라면 누구에게나 죽음이란 것이 존재하고, 그것을 깨닫는 것이 곧 살아 있음을 말이지. 그리고 살아 있는 동안은 진심을 다해 살아가야 한다는 선구적 결단을 내리는 걸세.

사실 이 상황은 끼니를 걱정했지만 건강했던 지난날의 그대와 전혀 달라진 것이 없다네. 끼니를 걱정하던 당시에도 자네가 느끼지 못했을 뿐 인간이기 때문에 죽을 수 있다는 사실은 그대로였으니 말이야.

이것이야말로 삶의 가능성을 비로소 사유할 수 있는 인간의 특권인 동시에 인간이 가진 처절한 한계가 아닌가. 그 한계를 언제 깨닫든 우리는 모두 자신의 삶을 만들어야 할 책임을 부여받은 자들일세. 우리는 모두 삶 속에 죽음을 가진 자들이네. 그리고 이런저런 모습으로 태어나 이 세상에 던져졌네.

하지만 '내 삶을 어떻게 만들어 낼 것인가'라는 이 거대한 숙제는 이제 당신에게 달렸다네. 삶의 끝은 눈앞으로 끌어당겨 다시 바라보게나. 비로소 가족들의 모습이 하나둘 떠오르고, 과거의 소중했던 추억이 생각나고, 그들이 펼쳐갈 미래의 꿈들도 모두 눈앞에 확연히 피어오르는 것이 보이지 않는가. 그들의 존재가치가 얼마나 소중한지 묵직하게 다가오지 않는가. 나는 그대가 단순히 '죽음을 향한 존재'를 넘어 '죽음에서 가능성을 찾는 존재'가 될 수 있다고 생각하네.

두려워하지 말게. 상황을 연민하고 비탄에 잠기지도 말게. 부디 존재의 물음을 생각하며, 인간임을 증명하며, 사랑하는 이들이 당신에게 보여주는 그 아름다운 존재의 빛을 느껴보게. 그래서 결국 모두에게 한정된 이 유한한 삶에서 자신의 삶에 집중하며 세상을 향한 자신의 의미를 마지막까지 실현하는 용감한 존재가 되길 바라네. 그 성찰 속에서 그대는 분명 이제야 비로소 자신의 세계를 건설하려는 위대한 시간 앞에 마주 서게 될 것이니까.

깊은 밤 프라이부르크 숲 속, 나의 오두막에서 하이데거가

하이데거가 말하는 '존재'

'현존재의 근본 기분으로서의 정태성情態性은 불안이다. 불안은 공포와는 근본적으로 다르다. 우리는 이러한 또는 저러한 일정한 존재자에 대해 두려워한다. 무엇에 대한 공포는 언제나 일정한 존재자 때문에 두려워한다. 공포는 무엇에 대하여 그리고 무엇 때문에라는 제한이 있기 때문이다. 하지만 불안은 항상 무엇에 대한 불안이지만 그것은 이것 혹은 저것 때문에 생기는 불안은 아니다. 이처럼 불안의 대상의 대상을 규정하지 못하는 것은 규정성의 결여가 아니라 규정한다는 것이 본질적으로 불가능하기 때문이다. 오히려 위협적인 것이 어느 곳에도 없다는 것이 불안의 대상을 성격 짓는다. 불안은 그의 세계에의 퇴락적 몰입으로부터 현존재를 본래적 자기에로 귀환시킨다.'

《존재와 시간》

하이데거는 '존재와 존재자는 다르다'라는 물음으로부터 자신의 철학을 시작한다. 이를 존재론적 차이라고 한다. 존재라는 것은 '있음'을 의미하는데 이 존재가 있음으로써 세상에 이런저런 모습으로 존재하는 존재자들, 이를테면 인간, 바람, 사물, 타인 등이 자신의 의미를 부여받는다. 그렇지만 세상의 존재자를 모두 더한 총합이 존재를 의미하지는 않는다. 이는 존재는 존재자와 차원이 다르기 때문이다.

하이데거는 고대의 플라톤으로부터 중세에서 근대로 이어진 전통 철학은 존재와 존재자의 차이를 망각했다고 지적했다. 늘 존재자의 차원에서 존재의 의미를 밝히려 했다는 것이 문제라는 것이다. 이것은 존재론적 차이를 망각한 '존재 망각의 역사'이며 이러한 사유방식은 모든 존재자를 가능하게 하는 최고의 존재자로서 존재의 의미를 이해한 것이다.

이를테면 플라톤에게 존재의 의미는 최고의 존재자인 이데아이기 때문에 이것을 토대로 모든 세상의 존재자는 이데아로부터 비롯된 결핍된 존재자로서 이해된다. 중세 철학의 존재의 의미는 최고의 존재자인 신으로 이해되니 그로 인해 세상의 모든 존재자는 신의 피조물로 존재자의 의미를 부여받게 된다.

하이데거는 이처럼 존재의 의미에 대한 물음의 방향을 상실한 전통적 철학적 이해로는 제대로 된 존재의 의미에 다다르는 것이 불가능하다고 생각했다. 따라서 존재론적 차이를 유지하면서 어떻게 존재의 의미에 집중할 수 있을까를 고민하던 중 하나의 결정적 실마리를 발견한다.

그것은 바로 세상의 모든 존재자 중에서 시간성의 존재인 인간만이 존재의 의미가 걸리는 존재라는 것이다. 하지만 인간 역시 유한한 육체를 가진 세상의 존재자인 이상 우리가 묻는 존재에 의미에 대한 질문은 존재자적 차원에 머물 수밖에 없다. 왜냐하면 존재자적 차원이 할 수 있는 질문의 방식에는 한계가 있기 때문이다. 이를테면 설명이나 분석, 정의를 내리는 접근으로는 결코 존재의 차원에 접근할 수 없다.

그럼에도 불구하고 하이데거가 '현존재Dasein'라고 부르는 오직 인간 존재자만이 유일하게 존재란 무엇인가라는 물음이 걸리는 존재자이며, 그 점에서 인간이라는 우회로를 통해서만 존재의 의미에 접근할 수 있는 유일한 우회로라는 것이다. 그렇다면 인간 존재자는 언제 그 물음이 걸리는가? 바로 유한한 인간이 자신의 시간성을 직감할 때, 즉 불안이라는 근본 기분에 사로잡힐 때다. 이때의 불안은 특정한 대상에 대한 공포가 아니며 유한한 인간이기에 사로잡히는 근본 기분이다. 그리고 이 근본 기분에 사로잡힐 때 인간은 이러저러한 모습으로 던져진 이 바꿀 수 없는 현실에도 불구하고 자신의 유한한 가능성을 통해 마치 그 끝으로서의 죽음이 눈앞에 있는 듯 결단을 통해 세계를 건설할 수 있다. 그리고 이때 비로소 인간 자신을 포함한 사물과 타인이라는 존재자의 의미와 그들의 고유한 무게를 비로소 직시하게 된다는 것이다.

존재의 의미를 밝힌 20세기 최고의 철학자, 하이데거

"인간이 언젠가 반드시 죽을 것임을 알지 못한다면, 살아간다는 것을 실감할 일도 없을 것이다."

1976년 하이데거가 세상을 떠나자 독일의 일간지 〈프랑크푸르트 알게마이네 차이퉁Frankfurt Allgemeine Zeitung〉은 "이 사람 마르틴 하이데거 안에 세계 철학사의 모든 지혜가 집결되어 있으며, 그가 남겨놓고 간 어마어마한 작품은 그의 독자들을 지금까지 어느 다른 철학 문헌이 할 수 있었던 것보다 더 깊이 물음의 심연에로 휘몰아 넣을 것이다"라고 추도했다. 짧은 추모사에서도 짐작할 수 있듯이 20세기 사상계의 거장이자 최고의 철학자로 칭송받았던 하이데거는 당대 학자로서 최고의 영광을 누렸다. 하지만 한편으로는 나치에 가담하고 부역한 혐의로 나치 청산위원회 재판에 회부되기도 했던 영욕의 학자이기도 했다.

독일의 작은 마을인 메스키르히에서 농부의 아들로 태어난 하이데거는 대학에서 신학을 공부했지만 철학으로 전공을 바꿨다. 특히 프라이부르크 대학에서 만난 현상학의 거두인 에드먼드 후설Edmund Husserl과의 만남은 그를 철학의 세계로 강하게 이끌었으며, 이후 그는 후설의 후임으로 프라이부르크 대학의 교수가 된다. 하지만 이 젊은 학자는 이미 마르부르크 필리프스 대학 강사 시절부터 '숨겨진 사유의 왕'이라는 별명으로 유럽 학생들 사이에서 고요하지만 엄청난 반향을 일으키며 유명세를 치를 정도였다.

하이데거는 1926년 그의 대표적 저서라 할 수 있는《존재와 시간》을 통해 명실상부한 20세기 최고의 철학자 중의 한 명으로 등극하게 된다. 보통 하이데거의 사상은 1930년을 기점으로 전기와 후기로 나뉘는데 전기 사상을 대표하는 것이 바로《존재와 시간》이다. 그는 죽음을 직시한 인간 현존재의 존재에 대한 물음이 어떻게 존재의 의미가 드러나는 계기가 되는가를 밝히고 이를 통해 형이상학의 근본적 토대를 새로이 정비하고자 했다.

이렇게 승승장구하던 하이데거는 프라이부르크 대학 총장 시절 나치에 입당한 것을 계기로 재판에 회부되는 등 영욕의 시절을 보낸다. 은퇴 이후 고향 오두막집에 머물면서 집필 활동에 몰두하는데 이때의 사상은 죽음을 선구하려는 인간 현존재의 전기 사상과 다르다. 진리의 열림, 시적 언어의 의미, 존재의 빛이 사라진 궁핍한 시대를 고민하는 그의 숙고를 보여준다는 점에서 일종의 전환이며 하이데거의 후기 사상이라고 불린다.

영욕의 세월을 보낸 20세기 최고의 사상계의 거장인 하이데거의 철학적 업적은 위대한 이름에 걸맞게 89세에 사망한 이후에도 현대의 현상학, 실존철학, 포스트모더니즘 등에 영향을 끼치며 현재의 우리를 뒤흔들고 있다.

12

데이비드 흄

David Hume

(1711 ~ 1776)

◆

영국의 철학자

◆

관련 도서

《인간 본성에 관한 논고(인성론) A Treatise of Human Nature》, 1739~1740

《도덕과 정치 논집 Essays, Moral and Political》, 1741~1742

《인간의 이해력에 관한 탐구 Enquiry Concerning Human Understanding》, 1748

《도덕 원리에 관한 연구 Enquiry Concerning the Principles of Morals》, 1751

짜증만 나는 직장생활, 감정 조절이 힘들어요!

감정을 향유한 철학자인 흄 씨,

안녕하세요.

중소기업에 입사한 지 3년 차에 접어든 회사원입니다. 얼마 전 승진으로 대리라는 직급을 달게 되었습니다. 하지만 승진했다는 기쁨도 잠시뿐 어찌 된 게 요즘에는 신입 시절보다 더 힘들게 일하고 있습니다.

솔직하게 말씀드리면 일이 힘든 게 아니라 감정 조절이 너무 힘듭니다. 신입 시절에는 상사가 시키는 대로만 열심히 했는데 점점 일이 익숙해지면서 그게 잘 안 되더군요. 일하는 법도 적당히 늘다 보니 귀찮은 일도 생기고, 하기 싫은 일도 눈에 들어오기 시작했습니다. 그러자 점점 일을 감정적으로 하게 되고 그러는 사이 스트레스도 쌓여서 너무 힘이 듭니다.

입사 초에는 별명이 '스마일 보이'였을 정도로 웃고 다녔습니다. 그런데 지금은 만나는 사람들마다 저에게 늘 무슨 일이 있는 건지, 아니면 화가 났느냐고 물어봅니다. 매일 출근하면서 이렇게 일할 수 있는 직장이 있다는 게 얼마나 행복한 일이냐며 다짐하면서도 막상 일하다가 스트레스에 치이면 다시 감정을 조절하지 못 하겠습니다.

이젠 그냥 지나갈 수 있는 작은 일에도 쉽게 화를 낼 정도입니다. 며칠 전에는 평소라면 그냥 웃어넘겼을 후배의 작은 실수를 이해하지 못해 불같이 화를 내기도 했습니다. 놀라서 눈물을 글썽이는 후배의 얼굴을 보면서 스스로에게 깜짝 놀랐습니다. 예전의 저는 분명 힘든 일이 있어도 긍정적으로 이해하고 잘 견뎌내는 사람이었는데 왜 이렇게 바뀌었는지 모르겠습니다. 이러다가 화를 제어하지 못하는 분노조절장애 같은 병에 걸리는 건 아닌지, 그 때문에 회사에서 큰 사고라도 치는 건 아닌지 걱정돼서 요즘에는 밤마다 잠을 설칩니다.

저는 어떻게 해야 스스로 감정을 조절할 수 있을까요? 정말이지 예전으로 돌아가고 싶은 요즘입니다. 도와주세요.

| 철학자의 답장 |

감정의 파도는 참는 것만으로 잔잔해지지 않는다오

감정 조절의 늪에 빠지고 만 그대여,

허허허, 사회생활을 시작한 지 얼마 안 된 젊은이가 가질만한 고민이구려. 맞소. 부모의 그늘에서 벗어나 사회에 속하게 되면 하고 싶지 않아도 해야만 하는 일이 생기고 귀찮아도 참아야 하는 일이 있는 법이지. 그러니 어찌 감정의 파도가 일렁이지 않을 수 있겠나.

그런데 재미있는 것은 자네의 감정이 일렁이는 것이 바로 인간과 동물의 차이라는 사실이라네. 동물은 아무런 제어 없이 있는 그대로의 본능과 감정을 표출하지만 인간은 이성을 통해서 조절할 수 있거든. 그 때문에 자네가 일하는 것이 짜증나도 그만두는 대신 이렇게 나에게 이성적으로 조언을 구하고 있는 거겠지. 끓어오르는 본능과 감정을 누르고 이성적 판단을 할 수 있기에 대선배 철학자인 아리스토텔레스는 인간을 '이성적 동물'이라고 정의 내렸다네.

선배 철학자들은 감정에 비해 이성의 중요성을 강조해 왔다네. 본능이라고 해도 감정을 그대로 분출하면 동물과 다를 바 없고 인간으로서 올바로 살 수 없다고 생각한 것이지. 혈기왕성한 가슴만으로는 살 수 없고 차가운 머리를 사용해야 제대로 살 수 있다고 말일세.

하지만 나는 이들과는 조금 다르게 생각하네. 나는 존 로크John Locke, 조지 버클리George Berkeley와 함께 경험론 철학자로 세상에 알려져 있지. 이성론 철학자들이 지식의 근원으로서 이성을 강조한다면, 우리 경험론 철학자들은 감각에 의한 경험을 강조한다네.

나는 특히 경험론을 도덕에도 적용했는데 그 내용은 이런 걸세. 어떤 도덕적 신념이 동기가 되어 구체적인 행동으로 옮겨질 때 그 신념이 어디서 생기느냐는 문제를 파헤친 것이지. 그리고 도덕적 신념은 우리가 경험할 수 없는 이성이 아닌 감정에 의해 생긴다는 것을 강조했네. 감정에 따라 일어나는 생각을 '정념passion'이라고 하는데, 감정emotion과 다양한 욕구를 포괄하는 개념이라고 보면 된다네. 그래서 나는 감정보다는 정념이라는 말을 더 많이 사용했지. 그래서일까. 사람들은 나를 '정념의 철학자'라고 부르기도 하더군.

이성이 있다는 것은 무엇인가를 판단하는 지성을 갖추고 있다는 뜻인데 이것만으로는 우리를 행동하게 하는 자극제가 되지 못한다네. 우리의 행동 의지에 영향을 끼치는 것은 정념이라네. 어려운 말 같지만 내가 쉽게 설명할 테니 집중하게!

예를 들어 우리는 상한 음식을 보면 먹지 않지. 왜 그런다고 생각하나? 상한 음식을 먹으면 병에 걸린다는 지식이 그 음식을 먹지 않게 하는 근거를 제공하는 걸까? 아닐세. 상한 음식을 먹고 병에 걸리면 아프다는 고통의 감정이 우리에게 일어나기 때문에 먹지 않으려 하는 걸세. 그 고통의 감정이 바로 정념이고 우리의 판단과 행동을 결정하도록 만드는 것이지. 어떤 대상에서 고통이나 쾌락을 예상할 때 우리는 이에 맞는 감정을 느낀다네. 그 감정을 바탕으로 피하거나 받아들이는 선택을 할 수 있는 것이고.

다시 정리하면 대상에 대한 지식은 우리에게 쾌락을 주는지 아니면 고통을 주는지에 관한 정보를 제공한다네. 정보 덕분에 대상에 대한 혐오나 욕구와 같은 정서적인 반응이 일어나고 우리를 행동하도록 만든다네. 결국 감각에 바탕을 둔 정서적인 반응인 정념이 우리를 지배하는 것이지. 나의 이러한 생각을 정리한 책의 한 구절은 철학사에서 매우 의미 있는 깨달음으로 알려져 있지.

> 이성은 정념의 노예일 뿐이고 또 단지 노예일 뿐이어야만 하며, 정념에 봉사하고 복종하는 것 이외의 다른 어떤 직무를 탐내어서도 안 된다.
>
> 《인간 본성에 관한 논고》

그리고 반드시 주의해야 할 것이 있네. 내가 정념을 강조했다고 해서 우리의 감정을 마음대로 표출해도 된다는 뜻은 아니라는 걸세. 그건 정념 또는 감정의 노예가 된다는 뜻이니까. 다만 우리 행동에서 머리의 역할 못지않게 가슴이 중요하고 어떤 점에서는 우리에게 무엇보다 큰 영향을 미친다는 것을 강조하고 싶은 걸세.

그럼 자네의 이야기로 돌아가도록 하지. 나는 자네가 아무 이유 없이 화를 내는 것은 아니라고 생각하네. 만일 그런 것이라면 내가 자네를 도와줄 방법은 없다네. 나보다는 의학적인 치료를 받아야 하지.

누가 자네에게 거짓말을 해서 화가 난다고 가정해 보게. 이때 이성이 하는 역할은 누군가 자네에게 거짓말을 한다는 믿음을 갖게 하는 것이지. 그 믿음과 동시에 자네는 거짓말을 한 대상에게 혐오감, 불쾌함과 같은 감정을 갖게 되고 그것이 화를 내는 행동으로 드러날 걸세. 여기서 자네가 가진 믿음을 확인할 수 있다네. 그건 바로 누군가가 잘못된 행동을 하면 화를 내야 한다는 것이지.

이건 매우 중요한 믿음이라 할 수 있다네. 왜냐하면 자네가 적절한 상황에서 적절한 감정을 가져야 한다는 것을 알고 있는 것이기 때문일세. 이 감정이 적절한지 그렇지 않은지를 판단하는 가장 빠른 방법은 스스로에게 물어보는 것이네. 내가 지금 화가 난 이유를 자문해 보게. 누군가가 나에게 거짓말을 했다면 거짓말을 한 사람에게는 화를 내는 것이 정당하다고 믿기 때문에 화를 낸다고 답할 수 있겠지. 그렇다면 자네가 화를 내는 것은 자연스럽고 정당한 감정이라네. 다만 그 믿음이 옳다고 가정할 때 말일세.

내가 정념의 노예라고 말한 이성은 이런 식으로 주인인 정념에 봉사한다네. 비록 이성이 우리의 행동에 영향을 미치지는 못해도 감정을 일으키는 믿음을 바로잡는 것이지. 이성이 바로 잡는 것은 감정이 아니라 감정을 일으키는 '믿음'이라네. 그 믿음이 틀렸다면 애초에 감정은 일어나지 않는 거지. 그래서 나는 이렇게 말했다네.

"어떤 정념이 거짓 가정에 기초하고 있거나 의도한 목적에 충분치 않은 수단을 선택한 경우가 아니라면 지성은 신념을 정당화할 수도 비난할 수도 없다."

자네가 너무 감정만 앞서기 때문에 고민이 된다면 걱정하지 말게. 일단 감정, 즉 정념이 많다는 것은 어찌 보면 큰 장점일세. 우리가 다른 사람의 고통을 함께 아파하고 행복을 함께 즐거워할 수 있는 것은 공감의 능력이 있기 때문인데 공감은 다른 사람을 동정하고 다른 사람과 연대하는 도덕적 감수성이라네. 그런 따뜻한 가슴 없이 차가운 이성만 있는 사람은 진정으로 도덕적인 사람이 될 수 없다는 거지. 내가 머리만으로는 행동으로 옮길 수 없다고 강조한 것처럼 말일세.

하지만 한 가지만 꼭 기억해 주게나. 감정의 파도 앞에서 늘 스스로 자문하는 것을! 정념을 표출하기 전에 스스로 여러 단계를 만들어 검증하고 또 검증해 보게나. 그래도 그 믿음이 변함없다면 당당하게 표출하게. 정념을 잘 다룬다면 자네의 인생을 망치기보단 더 좋은 방향으로 전환할 좋은 계기가 될 걸세.

현명한 미래의 젊은이여, 감정의 파도를 잘 다스려 행복한 인생의 항해사가 되길 바라네.

스코틀랜드에서 데이비드 흄

흄이 말하는 '정념'

우리의 정념과 상반되는 원리는 이성과 같은 것일 수 없고, 부적절한 의미에서만 이성이라고 일컬어지는 것으로 생각된다. 우리가 이 정념과 이성의 싸움을 말할 때 우리가 말하는 것은 엄밀하지도 않고 철학적이지도 않다. 이성은 정념의 노예이고 또 노예일 뿐이어야 하며, 정념에게 봉사하고 복종하는 것 외에 결코 어떤 직무도 탐내어서는 안 된다.

《인간 본성에 관한 논고》

흄이 정념에 관해 정의한 것이다. 우리는 누구나 도둑질이 옳지 않다는 것을 알고 있다. 그런데 왜 도둑은 사라지지 않는 것일까? 흄에 의하면 도둑질이 옳지 않다는 것을 안다는 지식이 도둑질을 하지 않는 행동으로 이어지지는 않기 때문이라고 한다. 즉 이성은 무엇이 옳고 그른지를 분별할 수 있도록 해주지만 그것이 행동으로 이어지는데는 영향을 미치지 못한다는 것이다. 단순히 감정을 일으키는 믿음을 바로잡는 역할을 할 뿐, 판단을 행동으로 옮기는 것은 이성을 통해 만들어진 정념이다. 이러한 의미에서 흄은 이성은 정념에 봉사하고 복종하는 노예일 뿐이라고 말한다.

경험론을 완성한 철학자, 데이비드 흄

"이성은 정념의 노예다."

데이비드 흄은 스코틀랜드의 철학자이다. 에든버러 대학에서 법학을 공부하길 원했던 부모의 바람과 달리 철학에 관심을 둔 그는 존 로크와 조지 버클리를 이어 영국 경험론을 완성한 철학자로 평가받는다. 《인간 본성에 관한 논고》, 《인간의 이해력에 관한 탐구》, 《도덕 원리에 관한 연구》 등의 중요한 철학 저서를 남겼지만, 생전에는 철학책보다는 6권짜리 《영국사》의 저자로 유명했다.

흄은 선배 경험론자인 로크와 버클리보다 더 철저한 경험론의 원칙을 유지했다. 우리가 확실하게 가진 것은 감각 경험밖에 없으므로 인과관계는 객관적이고 필연적인 것이 아니라, 우리의 습관, 관습, 감정에 의해 생긴 산물이라고 주장했다. 또한 외부 세계가 실제로 존재한다는 믿음을 정당화할 수 없다는 인식론적 회의론을 지지했다. 그리고 도덕의 문제에서도 행위의 직접적인 동기를 제공하는 도덕적 신념들은 우리가 경험할 수 없는 이성에 의해서가 아니라 감정 또는 정념에 의해서 생긴다고 주장했다.

13

에픽테토스
Epiktetos
(55 ~ 135년경)

◆

고대 그리스의 스토아학파 철학자

◆

관련 도서

아리아누스Arrianus, 《담화록》

아리아누스, 《편람》

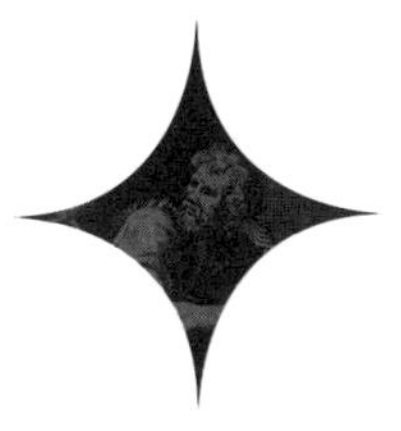

첫 사회생활, 설렘보다 두려움이 앞섭니다

왕보다 더 자유로운 삶을 살았던 에픽테토스 씨,

안녕하세요.

저는 올해 대학을 졸업하고 취업에 성공해 지난달부터 회사에 다니고 있는 사회초년생입니다.

지방에서 나고 자라 대학까지 고향에서 다녔던 저는 취업을 하면서 서울로 올라와 생활하고 있습니다. 새로운 장소, 새로운 사람들과 함께 지내는 생활도 벌써 3개월이 다 되어가고 있네요. 제가 다니는 회사는 3교대라는 근무환경 때문에 주말에도 고향에 잘 내려가지 못해서 가족과 친구들을 본 지도 오래입니다. 그러다 보니 요즘은 꽤 자주 외로움과의 사투를 벌이기도 합니다. 아, 근무가 끝나면 업무와 관련한 공부도 해야 하니 잠과의 사투도 벌이고 있군요. 덕분에 체력은 바닥을 찍고 있습니다. 어쩌다 쉬는 날에 집에 내려가기라도 하면 편히 쉬기는커녕 밀린 공부만 하다가 쓰러져 병원에 간 적도 있을 정도입니다.

하지만 이런 것쯤은 얼마든지 참고 견딜 수 있습니다. 아직 젊으니 체력을 더 기르면 되고, 지금 배우는 공부가 분명 나중에 큰 도움이 될 것도 알고 있으니까요. 지금 제게 무엇보다 큰 문제는 새로운 생활에 대한 부담감과 두려움입니다.

아침에 눈을 뜨면 회사에 가기 싫다는 생각부터 듭니다. 사무실을 떠올리면 속이 울렁거리면서 구역질이 올라오고 저도 모르게 눈물도 흘립니다. 어떨 때는 배가 아프기까지 합니다. 출근한 지 3개월이나 되었는데 아직도 업무 처리를 제대로 못 하는 저를 주변 상사들이 한심하게 쳐다볼 때면 그 자리에서 사라지고 싶다는 생각에 꼼짝도 못 하고 얼어버립니다.

일하는 시간이 늘어날수록 자신감이 생겨야 하는데 저는 오히려 자존감이 떨어지니 하루하루가 지옥 같습니다. 일을 마치고 퇴근할 때면 이제 겨우 해방되었다는 안도감에 눈물이 나온 적도 있으니…. 제가 얼마나 힘들고 두려운지 아시겠죠. 평소보다 더 많이 혼나고 실수를 많이 하는 날이면 '혹시 내가 다치면 출근을 하지 않아도 될까'라는 생각까지 할 정도입니다.

남들이 다 이야기하는 긍정적인 마음과 자신감이 저는 너무 어렵습니다. 날로 떨어지는 자존감에서 오는 두려움과 긴장, 그리고 자괴감까지. 저는 어찌해야 할까요? 계속해서 회사에 다니는 게 옳은 일일까요? 이러다 제 자신이 너무도 미워 극단적인 선택을 하게 되는 건 아닐까요? 매일이 무섭습니다.

| 철학자의 답장 |

두려워하지 마오, 아직 아무 일도 일어나지 않았다오

새로운 세상에 첫발을 디딘 젊은 그대여,

나는 노예 출신의 철학자 에픽테토스라고 하오. 사람들은 나를 스토아학파라고 말한다지. 사람이 일하는 소와 같은 취급을 받았던 험난한 시대에 나는 좀 유별난 노예였다오. 사유하고 명상하는 것을 너무나 좋아했지. 그 덕분에 감당하기 어려운 불행이 닥쳐올 때마다 쓰러지지 않고 여기까지 왔다오.

나와 그대, 우리 모두는 참으로 유한한 존재자들일세. 우리가 아는 것이라곤 사실 거대한 백사장의 모래알 정도이며 이 끈질긴 목숨도 그저 찰나의 순간일 뿐이니 말이오. 그런데도 이 유한한 인간은 평생을 걱정과 두려움에 갇혀 일생을 허비하고 있다오. '혹시나', '만약에'라는 생각을 하면서 이런저런 불행이 닥칠까 미리 걱정하거나 이미 벌어진 일을 두고 최악의 상황을 가정하면서 발을 동동 구르며 살고 있지 않소? 그뿐이오? 작은 이익을 두고 아웅다웅 다투기도 하고, 그렇게라도 해서 얻은 선물에 뛸 듯이 기뻐하는 인간들이 나는 그저 어리석어 보이기만 하오. 도대체 왜 인간은 한 치 앞도 모르면서 자신에게 닥친 일에 일희일비하느냐 말이오. 당신의 그 수많은 걱정들이 부질없다는 것을 이제 알려주겠소.

우리 스토아학파들은 감정이 우리에게 닥친 거대한 사건이 아니라 우리가 내린 판단으로부터 나온다고 생각하지. 생각해 보시오. 전쟁에 나간 병사가 거대한 적의 숫자를 보고 두려움에 사로잡혔다오. 그는 엄청난 적을 보고 '저 많은 적들에게 내가 패배하겠구나. 이제 나는 죽겠구나'라고 생각할 것이오. 그런 생각이 그로 하여금 두려움을 갖게 하는 것이지. 그렇다면 두려움은 어디서 오는 것 같소? 다름

아닌 수많은 적군을 보고 나서 내가 목숨을 잃을 것이라는 자신의 판단으로부터 생기는 것이오.

이번에는 복권에 당첨되어서 뛸 듯이 기뻐하는 한 사람을 생각해 보시오. 그는 엄청난 돈이 자신을 행복하게 만들어 줄 것이라고 생각해 기쁨을 느낀다오. 그렇다면 이때의 기쁨은 어디서 오는 것이오? 이 역시 돈이 있으면 행복할 것이라는 자신의 판단에서 오는 것이지.

맞소, 인간이 내린 판단은 곧 그 자신의 감정이 된다오. 하지만 신이 아닌 우리 인간이 내린 판단이 항상 옳다고 할 수 있을까? 우리는 모든 것을 알 수 없고 그렇기에 인간의 삶은 오해로 점철되어 있소. 판단이란 언제나 유한한 인간이 내리는 부분적인 생각일 뿐인데 우리는 이것만 믿고서 과도한 행동과 감정에 사로잡힌다오.

그래서 우리 스토아학파들은 뛸 듯이 기쁘거나 죽을 듯이 슬픈 감정을 신뢰하지 않는다오. 어려운 시대를 살았던 우리 스토아학파들은 어떠한 상황에서도 흔들리지 않는 의연한 정신의 상태, 즉 아파테이아apatheia를 이루기 위해 많은 훈련과 명상을 했소. 좋은 것이라고 판단한 것을 잃었을 때 슬픔을 느끼고 나쁜 것이라고 판단한 것이 사라지면 안도감을 느끼는 것이 평범한 인간이지만, 그 안에 담긴 진실은 그 자체로 완벽히 좋은 것도 완벽히 나쁜 것도 없다는 것이라오.

당신은 낯선 환경에서 느끼는 부담감과 두려움 때문에 마음이 힘들다고 했소. 그 두려움은 무엇으로부터 오는 것이오? 타인이 나를 부족하고 능력 없는 사람으로 여길 것이라는 당신의 판단이 슬픔과 두려움이라는 부정적 감정을 만든 것은 아니오? 그대의 극히 부분적인, 그래서 필연적으로 경솔할 수밖에 없는 판단이 부정적 감정을 만들어 냈고, 감정에 흔들린 그대가 특정한 행동을 보이는 것이오. 다시 말해 다른 사람이 나를 이렇게 판단할 것이라는 잘못된 생각에 위축감이 들고 두려움이 생기고, 이 감정에 기대다 보니 회사에 가는 것이 끔찍하게 싫고 눈물이 나기도 하며 차라리 다쳤으면 좋겠다는 생각까지 드는 것이라오.

우리 스토아학파들은 세상의 모든 일은 우주의 섭리에 따라 모두 결정되어 있다고 생각하오. 부족한 인간이 이 진리를 모르고 언제나 부분적인 판단을 내릴 뿐, 존경받는 스토아의 현자라면 부분적 진리가 아닌 우주의 섭리를 알기에 경솔한 판단을 내리지 않는 것이오. 질병이 찾아온들 우주의 진리 안에서 바라보면 당연한 귀결이라는 것을 아는 인간이라면 무얼 그리 두려워하고 슬퍼하겠소? 하지만 대부분의 사람들은 현자가 아니며 쉽사리 현자가 될 수도 없소. 그러니 우주의 섭리를 믿고 따르는 것이 어렵다는 건 나도 잘 아오.

그렇다면 이렇게 생각해 보시오. 판단으로 감정이 생기고 감정이 행동으로 옮겨진다면, 그것이 과연 적절한 최상의 행동인가 스스로에게 신중히 물어보는 것이오. 낯선 환경에서 제대로 일을 하지 못해 답답한 당신에게 우주의 섭리를 이해하라는 충고는 마음에 와 닿지 않을 것이오. 하지만 설사 타인이 당신을 못난 사람으로 취급한다고 해서 두려워하고 슬퍼하는 행동이 지금 당신이 할 수 있는 유일하고 적절한 행동인지 스스로에게 물어보라는 의미요. 분명 아니지 않소?

우리는 가능하면 많은 정보와 입장을 고려해 자신이 처한 상황을 판단하지만 그럼에도 현자가 아닌 까닭에 결국에는 부정적인 감정에 도달하게 되어 있소. 그리고 그 부정적인 감정은 늘 우리를 과도한 행동으로 이끌지.

이때 우리는 질문해야 하오. 이 과도한 행동과 감정이 과연 유일하며 적절한 행동인지 말이오. 물론 힘들지만 이것은 감정을 스스로 조절할 수 있는 첫 번째 훈련이 될 것이오. 세상에는 내가 통제할 수 없는 현실과 통제할 수 있는 현실이 있소. 적어도 내가 내린 감정이 나의 판단으로부터 비롯된 것이라면 그것은 통제 가능한 현실임이 분명하다는 것이오. 그것을 잘 구분하고 통제 가능한 것들로부터 자기 자신을 지킬 줄 아는 자를 우리 스토아 학자들은 지혜로운 자라는 뜻으로 현자賢者라고 부르오. 부디 섣부른 판단과 심약한 태도로 당신의 그 빛나는 인생을 눈물을 흘리며 보내지 말았으면 좋겠소.

당신은 직업이 없는 누군가에겐 부러움의 대상이자 당신의 부모에겐 세상 그 누구보다 멋지고 소중한 자식임을 잊지 마오.

나의 정신적 고향, 니코폴리스에서
당신의 친구 에픽테토스로부터

스토아학파가 추구했던 '아파테이아'

스토아 사상은 감정이란 수동적으로 우리를 엄습하는 것, 그렇기에 전적으로 통제 불가능한 사건이 아니라 하나의 판단으로서 비롯된다고 본다. 세상은 거대한 우주적 섭리로서 결정되어 존재하며 이것을 '이성의 원리'라고 여긴다. 거대한 이성, 우주의 섭리, 혹은 자연의 섭리라고도 말해도 좋을 이것으로 비롯된 사건은 이미 인간의 통제를 떠나 결정된 일이다. 따라서 그 자체로 좋은 것도, 나쁜 것도 아니다. 하지만 유한한 인간은 이미 결정된 우주의 섭리에 대해 부분적으로만 알고 있다. 따라서 오류가 포함된 판단을 내릴 수밖에 없다. 그리고 그 판단이 잘못된 감정을 수반하며 감정은 습관적으로 과도한 행동으로 이어지게 되는 것이다.

따라서 스토아 사상의 입장은 다음과 같다. 유한자인 인간이 세계의 모든 일에 대한 참된 판단을 가질 수 없기에 판단은 오류가 발생할 수밖에 없다. 그 판단은 잘못된 사실을 그렇다고 믿은 것이므로 믿음으로부터 비롯된 오류이다. 이 오류에서 비롯된 판단이 곧 감정이기에 감정은 폐기되어야 한다. 나아가 이렇게 폐기된 감정은 어느 정도는 자신의 마음속에 느낌으로는 남아 있을 수 있지만 그것이 판단임을 의식하게 되면 행위의 직접적 동기로서 연결되지 않을 수 있다. 그렇기에 이러한 감정의 폐기가 곧 궁극적으로 실존의 폭주를 방지할 수 있다고 기대하는 것이다.

더 깊숙이 들어가자면 소위 자연적 사태(죽음, 재해, 질병) 등 인간의 외적 세계로부터 발생하는 사건은 인간의 통제를 벗어나 있기에 그 자체로 선한 것도 악한 것도 아니다. 하지만 적어도 특정한 사건에 대한 인간의 판단만큼은 인간으로부터 비롯된 것이다. 따라서 자신이 통제할 수 있다는 점에서 스토아 사상은 인간으로 하여금 감정에 휘둘리지 않도록 이끎으로써 내면적 자유를 드러내려 하는 것이다. 이처럼 스토아 사상은 우주라는 이 거대한 이성과 우주의 섭리가 최대한 조화를 이루며 감정에 휘둘리지 않는 인간의 상태를 '아파테이아'라고 보았다.

하지만 아파테이아가 대리석처럼 차가운 인간의 마음 상태를 말하는 것만은 아니다. 누구보다 뜨거운 눈물과 환한 웃음을 보일 수 있지만 그것의 원인이 우주의 섭리에 속한 것임을 알고 있는 겸허한 현자의 마음이야말로 진정한 아파테이아의 상태일 것이다.

노예의 운명을 극복한 철학자, 에픽테토스

"너는 사람들로부터 상처를 입는다. 그리고 그것 때문에 괴로워한다. 그러나 사람들이 과연 네게 상처를 입힐 수 있는가? 그들에게 그런 힘이 있는가? 그렇지 않다."

1세기 중반 지금의 터키 지역인 고대 도시 히에라폴리스에서 태어난 에픽테토스는 노예 출신이었다. 그는 '말하며 일하는 짐승'이라 불리던 노예가 삶의 기술과 우주의 진리에 진지하게 골몰하는 것을 못마땅하게 여긴 주인에게 맞아 평생 동안 다리를 절게 되는 비운의 철학자이기도 하다.

노예 출신인 까닭에 남아 있는 자료가 적지만 노예에서 해방된 뒤 스토아학파의 철학자로 활발히 활동하였다. 에픽테토스가 남긴 저서는 없으나 그의 제자 아리아누스Arrianus가 정리한 《담화록》과 《편람》, 그 외의 단편적인 기록을 통해 후대에까지 사상이 전해지고 있다.

에틱테토스가 포함된 스토아학파는 스토아라는 지방에서 시작되어 동일한 이름으로 불렸으며 헬레니즘 시대를 대표하는 사상이다. 기원전 336년 알렉산더 대왕의 등장 이후 마케도니아가 몰락하고 지중해 세계의 지배자가 된 로마가 공화국에서 제국으로 바뀐 아우구스투스 아우렐리우스 황제에 이르는 약 300여 년의 시기를 풍미한 철학이다.

당시 헬레니즘의 대표적인 철학은 이 외에도 에피쿠로스주의와 회의주의가 있었지만 스토아주의는 그리스 철학의 정신에 가장 가까운 것으로 평가되고 있다. 동시에 세 가지 철학 사상 중 사실상 가장 큰 영향력을 발휘한 것으로 꼽힌다. 에픽테토스는 당시 로마 네로 황제의 교사였던 세네카Seneca, 로마 5현제 중의 한 명인 마르쿠스 아우렐리우스Marcus Aurelius와 함께 대표적인 후기 스토아 학자였다.

이처럼 노예부터 황제에 이르기까지 관대한 철학적 포용력을 과시하는 스토아학파는 귀족 중심, 도시 국가 중심의 플라톤 철학과 달리 로마의 평화라는 뜻을 가진 '팍스 로마나Pax Romana'라는 광대한 지역과 세계 시민정신, 우주의 섭리라는 광대한 규모를 보여준다는 점에서 철학적 의의를 가진다. 하지만 동시에 '자연의 섭리라는 결정된 운명을 따르며 삶을 견디어 간다'라는 그들의 사상은 생사를 알 수 없는 혼란한 시대와 세계라는 거대한 지평에 던져진 로마인들의 정서적 불안감을 일상적 차원에서 대변한다는 평가를 받기도 한다.

소크라테스를 철학적 모델로 삼은 에픽테토스는 진지한 학문적 주제에 골몰하기보다는 일상적 차원의 주제를 문제로 삼았다. 예를 들어 죽음, 재해, 노쇠, 질병, 우정, 모욕에 대해 어떻게 대처하고 훈련할 것인가, 운명이라는 결정된 삶의 여정 속에서 어떻게 내면의 자유와 행복을 추구할 수 있을지의 문제를 제자들과 대화로서 고민했다는 점에서 대중적 인기를 얻었다.

14

한비자
韓非子
(BC 280 ~ BC 233년경)

◆

중국 전국시대의 사상가

◆

관련 도서

《한비자 韓非子》

모두가 무시해서 말하기조차 두려워요

처세와 세상살이의 본질을 알려준 한비자 씨,

안녕하세요.

30대 직장인입니다. 저는 소심한 성격을 가졌습니다. 그래서 인간관계에서도 매우 소극적인 편입니다. 늘 다른 사람들의 눈치를 보느라 결국에는 제가 원하는 방향과는 다른 일 때문에 힘들고 불편해하느라 스트레스를 받습니다. 제일 힘든 일은 어김없이 제가 도맡아 하게 되니까 일을 하면서도 늘 손해 보는 느낌이기도 합니다.

소심한 성격을 고쳐보려 나름 노력도 했습니다. 몇 번이고 마음속으로 다짐한 뒤 어렵게 제 생각을 주변 사람들에게 이야기하려 했고,

마음에 들지 않는 일은 어필하기도 했습니다. 그런데 제 말주변이 부족해서일까요? 아니면 사람들이 절 무시해서일까요? 다들 제 말을 한 귀로 듣고 한 귀로 흘려버립니다. 마치 제 의견은 무시해도 된다는 암묵의 룰이 있는 것처럼 제 의견은 무시하기 일쑤입니다.

매번 똑같은 상황이 반복되니 이제 누군가와 대화하기도 힘든 지경입니다. 말해 봤자 어차피 무시당하겠지 하는 생각도 들고, 이러다가 앞으로 영영 내 생각을 말할 수 없게 되는 건 아닐까 하는 두려움도 앞섭니다. 제 생각을 표현하면서 다른 사람들이 제 말에 귀 기울이게 할 수 있는 현명한 방법이 없을까요?

| 철학자의 답장 |

원하는 것을 얻고 인생을 바꾸는 지혜, 설득의 기술

어쩌다 자신의 존재를 잃어가고 있는 그대여,

자네의 딱한 사정은 잘 읽어보았소. 편지를 읽는 내내 마음이 상당히 아프더군.

다른 사람에게 자기 생각과 의견을 관철시키는 것은 사람이라면 누구나 겪는 어려움이라네. 소심한 성격과는 상관없이 내 생각과 다른 사람의 생각이 다를 때 어떻게 말해야 동의를 얻어낼 수 있는지를 판단하기란 정말 쉽지 않은 일이지.

가만히 생각해 보면 다른 사람 앞에서 내 의견을 말한다는 것은 지식이나 내용의 문제가 아니라네. 지식이나 내용을 채우는 것도 중요한 일이지만, 더 중요한 것은 상대방의 마음을 알아내 거기에 맞추는 것이지. 허나 사람마다 생각이 다르고 성격이 다르기에 사람의 마음을 헤아려 말한다는 것은 정말 어려운 일이라네. 게다가 또 사람의 마음이란 얼마나 간악한 것인지…. 지금부터 내가 하는 이야기를 잘 들어보게.

옛날 위衛나라에 미자하彌子瑕라는 멋진 남자가 있었다네. 색色을 밝히던 위나라의 군주 영공靈公은 미자하를 엄청 총애했다네. 어느 날 과수원을 함께 거닐다가 탐스러운 복숭아를 발견한 미자하는 곧바로 그놈을 따서 먹었는데, 먹다 보니 군주가 생각나서 나머지 반쪽을 군주에게 주었다네. 그랬더니 군주는 맛있는 복숭아를 혼자서 다 먹지 않고 자신에게 주었다고 감동했지.

또 어느 날에는 어머니가 병이 났다는 소식을 들은 미자하가 거짓

말을 꾸며 군주의 수레를 타고 나갔다네. 군주는 이 소식을 듣고서도 벌하지 않고 그의 효심을 칭찬했다네. 그런데 세월이 비껴가는 법은 없고 마음은 시간이 지나면 시들해지는 법이지. 나이가 들어 미자하의 용모가 빛을 잃으니 군주는 미자하에 대한 애정이 식었다네. 결국에는 "이놈이 제가 처먹던 복숭아를 내게 주었고, 거짓말을 꾸며 내 수레를 탔던 못된 놈!"이라며 욕을 했다네. 미자하의 말과 행동은 변함이 없었건만 군주의 말이 바뀐 것은 그의 마음이 변했기 때문이라네.

그러니 다른 사람을 설득해 내 뜻을 펼치고 싶다면, 내 마음과 뜻을 표현하되 손해 보거나 해를 당하지 않으려면 몇 가지 요령이 필요하다네. 우선 상대방을 잘 설득하기 위해서는 그 사람의 뜻과 성향이 어떠한지를 잘 살펴야 한다네. 명예나 지조를 소중히 여기는 사람에게 이익만을 말한다면 천박하다고 욕을 듣기 십상이네. 또 이익을 중시하는 사람에게 명예나 명분을 따진다면 세상 물정을 모른다며 핀잔할 것이네. 심지어 내심 이익을 좋아하면서도 겉으로는 명예를 중시하는 척하는 사람이라면 더욱 가려서 말을 해야 한다네.

또 남을 설득하고자 할 때는 상대방이 자랑스러워하는 것은 두둔해 주고 부끄럽게 여기는 것은 감싸줄 줄 알아야 한다네. 칭찬에도 요령이 있는 법인데 너무 직접적으로 칭찬하면 아부한다고 욕할 테니 그와 똑같은 일을 한 다른 사람에 빗대어 칭찬하는 것이네. 마찬가지로 결점을 이야기할 때도 비슷한 결점을 가진 사람의 이야기를 통해 에둘러 한다면 손해가 나지는 않을 것이네.

또 하나는 윗사람의 잘못을 지적할 때는 오랜 시간의 신뢰를 바탕으로 해야 한다는 점이네. 어느 정도 충분한 시간을 지내면서 친숙해지고 일하는 과정에서 논쟁도 해보았는데 싫어하지 않는다면 그때는 옳고 그른 것을 지적할 수 있다네. 이것이 남을 설득하는 최종의 단계라 할 수 있네.

그리고 그 어떤 것보다 가장 중요한 것이 한 가지 더 있다네. 아마도 자네는 역린逆鱗이라는 말을 들어보았을 것이네. '용의 목 아래 지름이 한 자 정도 되는 거꾸로 박힌 비늘'이라는 뜻이지. 용이라는 짐승은 크고 포악하지만 잘 다스리고 길들여서 탈 수 있다네. 하지만 용을 길들이기 위해서는 절대로 역린을 건드리지 말아야 하지. 용은 자신의 역린을 자극받는 순간 고개를 돌려 자신을 타고 있는 사람을 물어 죽이기 때문이지. 이처럼 모든 사람에게는 자신이 견디지 못하는 무언가가 존재한다네. 비록 자네가 충분한 신뢰가 있고, 서로에 대한 애정이 있다 해도 절대로 건드려서는 안 되는 것은 말하지 말아야 하네. 그것을 역린이라고 하네. 이것을 건드리면 그간 쌓아 온 모든 노력도 허사가 될 것이네.

다른 사람을 설득해 내 생각으로 상대방의 마음을 바꾸려면 상대방의 마음과 뜻, 성격이 어떠한지를 알아야 한다네. 그리고 그와 내가 얼마나 친숙하고 신뢰가 있는가를 따져야 한다네. 그리고 모든 조건을 충족해도 결코 상대의 역린을 건드려서는 안 된다네. 만약 자네가 이 원칙을 지킬 수 있다면 모든 사람이 자네의 의견에 귀 기울일 걸세.

어떤가. 이 글을 다 읽고 나니 어쩐지 내 말이 옳은 것 같지 않은가? 허허, 내가 말한 설득의 기술을 한번 믿어보게나. 얼마 지나지 않아 자네는 원하는 것을 얻고 인생 전체가 바뀌는 기적을 경험할 수 있을 걸세. 그것이 설득이란 삶의 지혜가 가진 힘이라네.

한나라 신정에서 한비자가

한비자가 말하는 '설득'

그러므로 군주의 마음에 애정이 있을 때는 그 지혜가 군주의 뜻에 맞아 더욱 친해질 수 있고, 군주의 사랑이 미움으로 변했을 때는 같은 지혜라도 군주의 뜻에 맞지 않아 벌을 받게 되는 것이다. 따라서 진언을 하거나 설득하려는 자는 군주의 애증을 먼저 살펴야 하는 것이다. 용이라는 짐승은 유순하여 길들이면 타고 다닐 수 있다. 그러나 턱밑에 한 자 정도의 거꾸로 박힌 비늘(역린逆鱗)이 있어 그것을 건드리면 죽임을 당한다. 군주에게도 마찬가지로 역린이 있다. 설득하려는 자가 군주의 역린을 건드려 노하게 하지 않는다면 그 설득은 기대할 만한 것이다.

《한비자》

한비자는 '남을 설득하기의 어려움'이라는 뜻을 지닌 '세난說難' 편에서 이와 같은 비유를 들어 타인을 설득하여 말하는 것이 얼마나 어려운지를 철저하게 고민했던 사상가였다.

'다른 사람에게 말하기의 어려움'이란 뜻을 지닌 '난언難言' 편에서는 윗사람을 설득할 때에는 말투가 거침이 없는 것도, 신중하고 완벽한 것도, 많은 사례를 들어가며 수다스럽게 하는 것도 모두 부족하다고 말한다. 또 핵심만을 짚어서 말하는 것도, 속을 떠보듯이 말하는 것도, 고상하게 말하는 것도, 이해타산만을 명확하게 말하는 것도, 거슬리지 않도록 말하는 것도 모두 부족하다고 말한다.

요컨대 한비자는 남을 설득하기 위해 말하는 것이 얼마나 어려운 일인가를 거듭 강조한다. 스스로가 자신의 조국인 한韓나라 군주에게 수많은 제안서를 냈지만 그 어느 것도 받아들여지지 않았던 경험에 비추어 설득 자체가 어렵기에 꺼리고 삼가는 것의 중요성을 역설한 것이다.

한비자는 상대방을 설득하려면 내가 말하고자 하는 내용과 의도, 기술의 중요성도 강조하지만 더욱 중요한 것은 상대방의 뜻과 의지, 그리고 취향과 성향을 아는 것이 더 중요하다는 점을 강조한다. 그래야 내가 보존되고 손해 보지 않을 수 있다고 말한다. 그리고 그가 누구든 어떤 상황이든 절대로 건드리지 말아야 할 역린은 건드리지 말라고 조언한다.

물론 한비자의 시대는 오늘날과 같지 않다. 하지만 마케팅을 위해서든 좋은 인간관계를 위해서든 신중하게 그리고 말을 가려가면서 해야 한다는 한비자의 주장은 절대 변치 않는 충고일 것이다.

고대 법가사상의 종합자, 한비자

"설득의 요령은 설득하려는 군주가 자랑스럽게 여기는 것은 은근히 칭송하고, 수치스럽게 여기는 것은 말하지 않고 덮어두는 데 있다."

한비자는 고대 중국에서 가장 늦게 출현한 전국시대의 학파인 법가 사상을 종합한 사상가이다. 그는 당시 가장 유명한 사상가였던 유학자 순자荀子에게 배웠으며, 진나라가 천하를 통일하는 데 큰 공을 세웠던 이사李斯는 같은 문하에서 동문수학한 사이였다. 본래 한나라 귀족으로서 그가 지은 글은 당시에 이미 널리 읽혔다. 진시황이 천하를 통일하기 전에 그의 글을 읽고 "이 사람을 만나 한번이라도 이야기를 나눌 수 있다면 여한이 없겠다"고 탄식할 정도였다.

한비자는 한나라 왕에게 부국강병을 위한 다양한 제안을 했지만 받아들여지지 않았다. 기원전 223년 진나라가 한나라를 침공하지 않도록 외교적으로 달래는 임무를 맡고 파견된 한비자는 진나라 왕이 높은 벼슬을 내리고자 했으나 당시 동문수학한 친구 이사의 음모로 독약을 먹고 죽게 된다. 그가 남긴 저술은 한나라 때부터 전체 55편으로 그의 이름을 따서 《한비자》로 묶였고, 이후 수많은 황제와 정치인들에 의해 정치학의 교과서처럼 읽혀 왔다.

법가의 다양한 조류를 종합한 그의 사상은 흔히 법法, 술術, 세勢라는 세 개념으로 정리된다. '세'란 지위나 신분으로부터 나오는 타인에 대한 지배력이란 의미가 있다. 이러한 지배력을 갖기 위해 한비는 경제력과 군사력을 대단히 중시했다. 또 한편 법가法家라는 이름처럼 한비자는 '법'을 중시했다. 이때 '법'의 의미는 오늘날 인간 상호간의 동의와 계약을 통해 권리와 의무를 규정한 것이라는 의미와는 다르다. 군주의 통치 수단으로서 백성을 다스리기 위한 명령이자 위반자를 처벌할 수 있는 금지와 규정을 뜻한다. 마지막으로 '술'이란 군주가 자신이 보좌하는 관리를 통제하고 조종하는 기술의 의미를 갖는다.

한비자는 군주가 법, 술, 세라는 세 가지를 갖춘다면 어리석은 사람이든 현명한 사람이든 충분히 군주 노릇을 할 수 있다고 주장하였다. 이러한 사상은 고대 중국의 황제 지배체제를 확립하는 데 이론적 토대가 되었으나, 오늘날 현대 사회에서는 전체주의와 독재의 이념이라고 비판받기도 했다.

15

묵자
墨子
(BC 480 ~ BC 390년경)

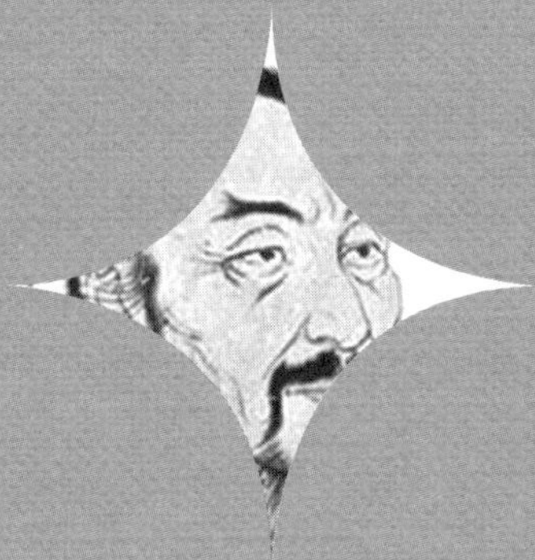

◆

중국 전국시대의 사상가

◆

관련 도서

《묵자 墨子》

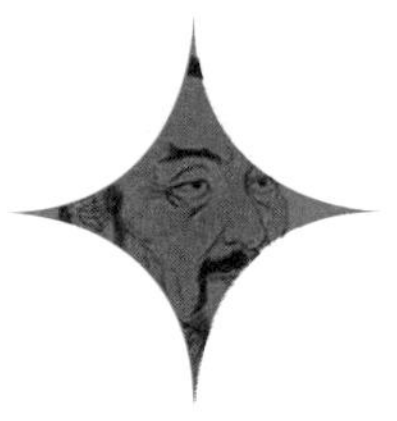

모든 문제를 혼자 해결해야 할 것 같아요

사랑과 평등을 외친 이타주의자 묵자 씨,

안녕하세요.

저는 대학에 다니고 있는 학생입니다. 저는 세상이 제 중심으로 돌아간다고 생각하며 살고 있습니다. 제가 나서지 않으면 일도 잘 처리되지 않고, 제가 이끌어야 모든 것이 의도한 대로 이루어진다고 믿고 있는 거죠. 저보다 수천 년을 앞서 살았던 학자가 이런 말을 들으면 건방지다고 생각하실지 몰라도 사실이 그러합니다. 무슨 일이든 제가 하고자 하는 방향으로 가면 잘될 것을 자꾸 다른 방향으로 가서 꼬이거든요.

예를 들면 수업시간에 조별과제를 할 때의 일입니다. 발표 주제를 정하고 보니 제 눈에는 어떻게 풀어나갈 것인지 빤히 보였습니다. 그런데 다른 조원들은 그게 아닌 다른 방향으로 해석하더군요. 아무리 봐도 잘못된 것 같았지만 너무 나서면 조원들이 부담스러워할 것 같아 제 의견을 접고 마지못해 조원들의 생각을 따랐습니다. 그랬더니 역시나 발표를 보신 교수님께서 접근을 잘못한 것 같다고 하시더군요. 그러면서 제가 생각했던 방식으로 풀었으면 더욱 참신하고 유용했을 것이라는 충고도 하셨습니다.

이런 일이 계속해서 반복될수록 주변 사람들이 하는 방식이 마음에 들지 않아 미칠 것 같습니다. 옆에서 하는 걸 보고 있자면 '왜 저렇게밖에 못하는지', '왜 이렇게 하지 않는 건지' 하는 생각이 들 때가 대부분입니다. 그렇다고 무작정 내 생각대로 하라고 할 수도 없으니….

그런데 얼마 전 여자 친구가 제게 말하더군요.

"너는 세상이 네 위주로 돌아간다고 생각하는 것 같은데, 그건 착각이야"라고 말입니다. 솔직히 그 말을 듣고 충격을 받았습니다. 분명 모든 일이 내가 생각한 대로만 된다면 지금보다 훨씬 결과도 좋고 걱정도 없을 거라고 생각해 왔으니까요. 그런데 여자 친구는 그렇게 생각하다가는 주변에 아무도 남아 있지 않을 거라며 다른 사람도 너

만큼 소중하게 여기라고 따끔히 충고했습니다.

도대체 어떻게 해야 이 상황을 풀어낼 수 있을까요? 제 위주로 돌아가는 세상인 것 같은 착각을 어떻게 하면 줄일 수 있을까요? 아니 없앨 수는 있는 건가요? 지금처럼 "천상천하天上天下 유아독존唯我獨尊"만 외치다가는 여자 친구의 말처럼 세상에 내 편은 없이 혼자만 남을 것 같아 고민입니다.

| 철학자의 답장 |

여보게,
천하에 남이란 없다네!

자신이 세상의 중심이라 믿고 있는 청춘에게,

미래의 젊은 벗이여, 오늘은 평안하신가? 나는 묵자라고 하네.

어쩌면 후대 사람들에게 '묵자'라는 나의 이름이 낯설지도 모르겠군. 천하를 통일한 진나라의 시대가 막을 내리고, 한나라의 무제武帝가 정권을 잡으면서 오직 유가儒家(공자의 가르침을 따르는 학자나 학파)만을 숭상한다고 선언했다네. 그 때문에 나의 사상과 실천은 철저하게 무시되고 소멸해 버리고 말았지. 하지만 그전까지는 유가보다 더 많은 사람들이 나의 사상을 믿고 따랐다네.

내 입으로 말하긴 좀 민망하니 맹자의 말을 빌려보자면 "양주楊朱와 묵적墨翟(묵자의 본명)의 소리가 천하에 가득하다"고 경계했을 정도였지. 허허허, 도대체 내가 어떤 사상을 가지고 있었기에 이렇게 많은 이들의 사랑과 유명한 철학자들의 경계를 동시에 받았는지 궁금하지 않은가? 내 곰곰이 살펴보니 자네의 고민 해결에도 도움이 될 것 같구먼. 한번 이야기해 볼 테니 잘 들어 보게나.

우선 자네의 '저 사람들은 왜 저렇게밖에 못하지, 내가 하면 저렇게 하지 않을 텐데'라는 생각에는 결국 나는 남보다 더 우월하다는 생각이 깔려 있네. 스스로가 가장 잘났다고 여기니 과연 어느 누구의 행동이 마음에 들겠는가? 아마 그 누구도 믿을 수 없을 것이네. 그리고 자네의 이러한 생각은 자네도 누군가의 믿음을 얻지 못한다는 것을 의미하기도 하지. 이렇게 서로가 믿지 못하는데 어떻게 함께 조별 과제를 할 수 있겠는가? 아마도 자네의 생각에 맞춰서 하려면 모든 일을 혼자서 하지 않으면 안 될 걸세. 그런데 과연 그럴 수 있을까?

내가 듣기로는 요즘 대학에서는 공부만 해서는 안 되고 여러 명이 모여서 함께 공부하고, 컴퓨터라는 것을 이용해 발표 자료도 만들어야 하고, 선생님과 학우들 앞에서 발표할 내용도 정리해야 한다고 들었네. 그런데 자네처럼 다른 사람들의 방식이 영 탐탁하지 않다면 이 모든 것을 혼자 하는 수밖에 없지 않은가? 아마도 공부할 것이 한둘이 아닐 텐데 과연 혼자서 모든 것을 다 해낼 수 있을지 심히 걱정되는군. 게다가 여럿이 해야 할 것을 혼자 했을 때 과연 다른 친구들보다 월등히 좋은 평가를 받을 수 있을지도 모르겠네. 이것이 자네의 현실이지.

그래서 내가 주장했던 '겸애兼愛'라는 사상을 자네에게 꼭 알려주고 싶어졌다네. 겸애는 쉽게 말해 '남을 내 몸처럼 사랑하고, 더불어 살자'라는 공동체 사상이지. 유가의 사랑이 엄격한 신분 질서를 전제로 하는 사랑이라면, 내가 말하는 사랑은 모든 사람이 평등하다는 생각에서 나온 사랑이라네. 자네는 혼자만 옳고 타인은 그르다고 생각하면서 괴로움을 얻지 않았는가? 원망과 한탄이 바로 더불어 살지 않는 데서 생겨나는 괴로움일세.

내가 살던 당시에도 자네와 같은 생각을 하던 사람들이 많았다네. 나는 그들에게 이렇게 말했지.

"대개 천하의 재앙과 침략과 약탈 그리고 원망과 한탄이 생겨나는 이유는 서로 사랑하지 않고 더불어 살고자 하는 마음을 버렸기 때문이다. 인자仁者(어진 사람)는 이것이 잘못되었다고 본다. 그렇다면 이 잘못된 것을 어떻게 바꾸어야 하는가? 더불어 사랑하고 서로가 서로를 이롭게 하는 방법으로 바꿀 수 있다."

우리는 누구나 조금씩 착각을 하면서 산다네. 마치 세상이 나를 중심으로 돌아가는 것 같고, 내가 없으면 세상도 아예 존재하지 않을 것처럼 생각하기도 한다네. 그런데 잘 생각해 보게. 자네가 없다고 세상이 사라지진 않는다네. 물론 내가 없는 세상이 나에게 의미 있을 리 없지. 하지만 분명한 것은 내가 없어져도 세상은 존재하고 마치 아무 일 없는 듯이 돌아갈 것이란 사실일세.

어렵게 생각하지 말고 나를 보시게. 내 아무리 천하를 움직였던 철학자였으나 내가 죽었다고 사회가 혼란에 빠지던가? 아니었네. 더 훌륭한 철학자가 끊임없이 등장했고 지금도 다들 잘 먹고 잘살고 있지 않은가? 내가 썼던 글을 읽고 더 깊이 생각해 보게.

> 지금 세상에서 무엇이 존재하는가 그렇지 않은가를 아는 방법은 사람들의 이목에 따라 판정의 기준을 둔다. 실제로 많은 사람들이 그 소리를 듣고 그 모습을 본 체험을 했다면 반드시 그것이 있다고 생각해야 하고, 그 소리를 듣고 그 모습을 본 사람이 없다면 반드시 그것이 없다고 생각해야 한다
>
> 《묵자》

무슨 뜻인지 생각해 보게. 우리가 세상의 많은 곳이나 수많은 사물

에 대한 지식을 모두 직접 확인해서 알 수는 없는 법이네. 그런데도 우리는 우리가 가보지 않은 곳에 대해 알고 있고 보지도 못한 사물에 관해서도 이야기를 할 수 있다네. 이런 일이 어떻게 가능한 것일까? 바로 남이 있기 때문이네.

잘 생각해 본다면 우리가 안다는 것은 곧 다른 사람이 보고 들은 것에 의존하는 것이네. 이렇게 보면 우리가 아는 것은 물론이고, 우리가 생각한다는 것 또한 다른 사람에 의지해서 가능한 것이네. 그렇다면 과연 세상은 나 혼자만의 것이라 할 수 있는가? 남이 있어야 내가 있고, 내 생각이 있고, 내가 상상하는 새로운 일도 가능한 법이네. 그렇다면 우리는 모두 함께 더불어 살아야 하는 것이 아닌가?

나는 바로 이 때문에 '천하에 남이란 없다'라고 생각한 것이네. 알고 보면 내 속에는 수많은 사람들의 생각과 지혜가 모여 있다네. 우리는 그것을 책을 통해 다른 사람의 말을 통해 보고 들음으로써 알게 된 것이라 할 수 있네. 이런 생각을 논리적으로 확장하여 나는 겸애를 주장한 것이네.

우리는 이 점을 기억해야 하네. 나는 유일하고 거대한 마음을 품고 살아간다네. 그런 의미에서 나는 무한한 존재일세. 그런데 그런 무한한 존재는 다른 사람에게도 똑같이 해당한다네. 게다가 우리는 결코 혼자 살 수 없고 서로 더불어 살아야 하는 평등한 존재라네. 그래서 나는 서로를 사랑하는 것이야말로 진정으로 서로에게 이익이 되는 것이라 주장하였다네.

천하에 남이란 없다는 말은, 결국 남 없이는 나도 없다는 뜻 아니겠는가? 자네보다 2500년 전의 세상을 먼저 살았던 나 또한 이런 깨달음을 얻었으니 자네는 더 큰 깨달음을 얻기를 바라네.

중국 고대의 고죽국에서 묵자가

묵자가 말하는 '겸애 사상'

만약 온 천하로 하여금 모두가 더불어 서로 사랑하게 한다면 나라와 나라는 서로 침략하지 않고, 집안과 집안은 서로 혼란하게 하지 않을 것이며, 도둑이 없어지고, 군주와 신하, 그리고 아버지와 아들이 모두 효성스럽고 자애로운 관계가 될 것이다. 이렇게 된다면 천하가 안정될 것이다. 천하를 다스리는 일에 종사하는 성인으로서 어찌 미워함을 금하고 사랑을 권장하지 않을 수 있겠는가? 그러므로 천하가 모두 더불어 서로 사랑하게 되면 안정되고 서로가 미워하면 혼란하게 된다.

《묵자》

묵자가 말하는 겸애사상은 모든 사람을 차별 없이 사랑한다는 뜻으로 유가의 차별적인 사랑인 인仁에 대한 대안으로 주장된 것이다. 유가가 주장하는 '인'은 다른 사람에 대한 사랑의 실천을 중시하지만 그 바탕이 가족에 대한 사랑에서 출발한다. 부모와 자식 간의 가까운 관계에서 사랑을 실천하는 '친애親親'와 이를 다른 사람에게까지 사랑을 확장하자는 '애인愛人'의 입장이다.

하지만 이와 달리 묵자는 사람은 나이가 많든 적든, 지위가 높든 낮든 상관없이 모두 똑같은 하늘의 신하로 보았다. 하늘이 모든 사람을 똑같이 사랑하듯 사람들도 서로 평등하게 사랑해야 한다는 것이다. 그러면서 "노예를 사랑하는 것도 사람을 사랑하는 것이다"라고 하여 차별 없는 보편적 사랑을 주장했다. 그리고 이러한 겸애의 실천은 사회의 이익을 가져온다고 보았다.

묵자는 "남을 사랑하는 사람은 남도 역시 그를 사랑하게 되고, 남을 이롭게 하는 사람은 남도 역시 그를 이롭게 할 것"이라고 함으로써 겸애가 공리주의적인 결과를 낳는다고 생각했다. 이러한 생각은 현대 학자들로부터 매우 선구적인 인간 존중과 새로운 인류애를 표현한 놀라운 사상이라고 평가받았다.

모두를 차별 없이 사랑한 철학자, 묵자

"더불어 서로 사랑한다는 것은 좋은 일이다. 그렇기는 하나 그것은 천하에서 가장 어려운 일이다."

묵자는 기원전 470년 경에 태어나 기원전 391년 사이에 생을 마감하였을 것으로 추정되는 고대 중국 전국시대 초기의 사상가다. 이름은 적翟이며, 처음에는 공자 학파에서 유학을 배웠으나 유교 사상을 비판한 묵가墨家의 창시자로 알려져 있다. 대개의 고대 중국의 사상가가 귀족 출신인데 반해 묵자는 천민임을 자처하였고 농인, 수공업자, 상인 등으로 이루어진 신흥계급을 대표했다. 동시에 지배계급이던 씨족 귀족과 정면으로 맞서며 자신의 사상을 전파했다.

묵자는 유가의 차별적 사랑의 원리인 인과 예악禮樂 사상을 비판하면서 '차별 없는 사랑(겸애兼愛)과 상호이익(교리交利)'에 기반을 둔 합리적이고 실용적인 사상과 실천을 중시하였다. 특히 묵가 집단은 평화를 옹호하며 침략당한 나라에 가서 방어 전쟁을 수행한 것으로 유명한데 이런 사상은 한·중·일 삼국의 합작 영화인 〈묵공〉으로 영화화되기도 했다. 또한 유신론적인 관점에서 하늘의 뜻을 받들 것을 주장하였다.

다른 한편으로는 고대 중국의 논리학을 발전시킨 학파로도 유명하다. 그가 구사한 논리학 용어인 유類는 '보편'을, 고故는 '까닭과 이유'를 뜻하는 개념으로 논리적 사고를 풍부히 했다. 특히 가깝고 먼 관계와 상관없이 서로 사랑하고 존중하자는 사상은 근대의 이념인 평등과 통하는 것으로 큰 의의가 있는 사상으로 평가받는다.

16

플라톤

Platon

(BC 427 ~ BC 347년경)

◆

고대 그리스의 철학자

◆

관련 도서

《소크라테스의 변명》

《파이돈》

《향연》

《국가》

저는 말하는 게 너무 좋아요!

동굴 밖으로 나간 철학자 플라톤 씨,

안녕하세요.

저는 대학교 3학년에 재학 중인 학생입니다. 궁금한 게 너무 많지만 요즘 가장 큰 고민을 상담하고 싶어요.

흔히 어른들이 하는 말 중에 "물에 빠지면 입만 동동 뜰 거다"라는 표현이 있잖아요. 딱 저를 두고 하는 말일 거예요. 얼마 전 방학을 하니 시간도 좀 생기고 심심하기도 해서 인터넷의 한 카페에 가입했어요. 처음에는 집 주변에 공부하기 좋은 조용한 카페도 알아보고, 근처 문화센터 수업 정보도 알아볼 생각이었어요.

그런데 인터넷 카페는 익명성이 보장되기도 하고, 자주 눈에 띄는 다른 회원들과 채팅도 하다 보니 편한 마음이 들어 제 개인적인 이야기를 많이 했어요. 남자친구와 싸운 이야기, 조별과제를 같이 하면서 얌체처럼 굴던 동기 이야기, 취업 준비를 하면서 힘들다는 푸념, 뉴스 기사부터 연예인에 관한 개인적인 생각까지 가리지 않고 말한 것 같아요.

물론 카페 회원들 사이에서 솔직하다고 좋아하는 사람도 있었고 별말 안 하고 가만히 지켜보기만 하는 사람도 있었어요. 그리고 분명 사적인 대화가 불편한 사람들도 있었을 거구요. 가만히 생각해 보니 내가 얼굴 한 번 보지 못한 사람들한테 너무 이 얘기 저 얘기 마구 늘어놓은 것은 아닌가 싶어 두려운 마음에 카페를 탈퇴했어요.

그런데 며칠 지나니까 어디에든 이야기하고 싶어 근질근질하더라고요. 그래서 또다시 커뮤니티에 가입하고 말았어요. 그러고는 남 이야기, 내 이야기, 아는 사람 이야기, 모르는 사람 이야기 가리지 않고 수다를 떨었죠. 문제는 이렇게 하고 나면 내가 괜히 쓸데없는 이야길 한 건 아닐까 하는 후회가 든다는 거예요. 그리고 계속 이러다가는 공적인 자리나 아는 사람이 많아서 조심해야 하는 상황에서 말실수를 할까 봐 너무 신경 쓰이기도 해요.

하고 싶은 말을 참자니 답답하고 무료해서 힘들고, 하고 싶은 말을 실컷 하고 나면 후회와 걱정이 밀려오고. 저는 어떻게 해야 할까요?

| 철학자의 답장 |

부끄러움을 아는 삶과 함께 기개를 가지시오!

자기반성을 반복하는 그대여,

매번 결심하고 매번 그만두는 자신을 보고 의지가 약하다며 괴로워하는 모습은 많은 사람들의 공통점이라오. 우리 철학자들도 그런 의지의 나약함에 관해 여러 가지 방식으로 답을 내놓았소. 그중 나의 스승인 소크라테스 선생과 나의 제자 아리스토텔레스가 내놓은 답이 널리 알려져 있을 것이오. 의지의 나약함은 그리스어로 아크라시아akrasia라고 부르는데, 소크라테스는 아크라시아는 불가능하다고 주장했소.

예를 들어 학문에 정진하겠다는 결심을 하고 지키지 못했을 때, 우리는 보통 의지가 약해서 공부를 해야 한다고 생각은 하지만 결국 실천하지 못한 것이라 여길 것이오. 그런데 소크라테스는 그런 사람들은 애초에 공부를 해야 한다는 필요성을 알지 못한 것이라고 주장했소. 그에게 있어 안다는 것은 이미 삶에서 그 앎을 실천하는 것을 의미하기 때문이지. 반면 아리스토텔레스는 알면서도 의지가 나약해서 실천하지 못함을 인정했다오. 학문에 정진해야 스스로 발전한다는 걸 알지만 다른 부수적인 환경이 주는 순간적인 쾌락을 잊지 못해서 그런 행위를 한다고 말이오.

여기서 나 플라톤은 이들과는 다른 방식으로 이 문제에 접근하고자 하오. 지금껏 많은 철학자들이 우리의 영혼을 이성과 감정으로 두 가지로 구분했소. 하지만 나는 이성과 감정, 그리고 기개의 세 가지로 구분할 것이오. 영혼이라고 하니까 종교적인 이야기를 하는 것 같지만 '영혼'은 내가 살던 시대에는 마음이나 정신을 가리킬 때 자주 쓰던 말이오. 그대의 시대에 심리학자들이 사람들의 정신 활동을 연구하는 것처럼 우리 시대의 철학자들도 철학적인 방법으로 우리의 정신 활동을 탐구했소. 그 결과 나는 우리의 영혼, 곧 정신이 이성적인 부분과 기개적인 부분, 욕구적인 부분의 세 가지로 나뉜다고 생각했다오.

그대가 철학을 잘 모른다고 해도 이성과 감정이 무엇인지는 잘 알 것이오. 이성은 무엇인가를 계산하고 배우고자 하는 능력을 말하고, 감정은 식욕이나 성욕과 같은 욕구를 말한다오. 이렇게 이성과 감성의 이분법이면 충분한데 왜 내가 기개를 집어넣어 영혼의 삼분법을 주장했는지 궁금하지 않소?

기개가 무슨 뜻인지 설명하기 위해서 내가 집필한 《국가》에서 든 사례를 살펴보겠소. 참고로 나의 스승인 소크라테스가 등장하는 것은 '대화편'이고 나의 사상을 담은 것이 《국가》 편이라오. 조금은 혐오스러울 수도 있는 부분이지만 그대에게 하고 싶은 말과 관련이 있으니 잘 들어보시오.

> 그러나 언젠가 내가 들은 것이 있는데, 난 이걸 믿고 있네. 아글라이온의 아들 레온티오스가 피레우스로부터 북쪽 성벽의 바깥쪽 아랫길을 따라 시내로 들어가다가 사형 집행자 옆에 시체들이 누워 있는 것을 목격하고서는, 한편으로는 보고 싶기도 하고 또한 다른 한편으론 언짢아하며 외면하려 했다더군. 그래서 얼마 동안 마음속으로 싸우며, 얼굴을 가리고 있었다네. 그렇지만 보고 싶은 욕구에 압도당하자, 두 눈을 부릅뜨고 시체들 쪽으로 내닫더니, '보려무나, 너희들 고약한 것들아! 그래, 저 좋은 구경거리를 실컷들 보려무나'라고 말하더란 이야기 말일세.
>
> 《국가》

시체 애호증이 있는 레온티오스는 사형 집행장에 누워 있는 시체를 보고 싶다는 욕망에 사로잡혔소. 그러나 한편으로는 그런 혐오스러운 짓을 해서는 안 된다고 생각하는 이성도 가지고 있었지. 이때 시체를 보려고 하는 욕구를 거부하는 동기가 바로 기개라오. 욕망을 거부하는 동기로 이성을 끌어들여도 될 텐데 왜 굳이 기개를 거론하는지 궁금하오?

우리가 무엇인가를 배우고 계산할 때 사용하는 차분한 이성으로 어떤 욕망을 억누른다는 것은 말이 안 되오. 그대는 삐쳐 나오는 욕망을 억누를 때 침착하게 이성으로 해결하는 것이 아닌 무언가 흥분되는 격렬한 마음이 일어나는 것을 경험해 본 적이 있소? 그것이 바로 내가 '기개'라고 말하는 것이오. '격정' 또는 '분노'라고 말할 수도 있을 것이오. 그러니까 우리 영혼 속에서 욕망이 이성과 대립하여 욕망을 따르려고 할 때 우리에게는 그런 자신에 대해 격정이나 분노가 일어나는 셈이오.

당신도 마찬가지라오. 당신은 커뮤니티 카페에 자주 들락거리며 수다를 떠는 자신의 모습이 싫어 탈퇴했지만, 얼마 못 가서 다시 들어가지 않았소? 그리고 의지가 나약한 자신을 보고 혐오스러워했을 것이오. 레온티오스가 시체를 보는 것만큼 혐오스러운 일은 아니지만 그래도 그런 자신이 싫어서 고민하다가 나에게 편지를 보낸 것이란 생각이 드는구려.

여기서 중요한 점은 레온티오스나 당신이나 모두 욕망하는 자신에 대해 분노하고 꾸짖고 있다는 것이오. 이것이 자기반성이오. 레온티오스도 당신도 비록 욕망을 극복하는 데 실패했지만 자신이 지금 추한 것을 지향하고 있음을 부끄러워하는구려. 당신은 자신에 대한 이상적인 이미지로 함부로 나서지 않고 자중하는 모습을 가지고 있소. 그 이상적인 이미지와 카페에 다시 가입하는 자신의 상황 사이에서 생기는 갈등으로 인해 부끄러움의 정서를 느끼고 거기서 분노하는 것이라오. 이상적인 이미지가 없다면 그런 부끄러움과 분노가 있겠소?

그렇기 때문에 나는 당신의 고민이 심각한 문제라고 생각하지 않소. 당신의 분노 이면에는 부끄러움과 수치의 정서가 있으며, 거기에는 좀 더 심층적으로 자기존중의 심리가 놓여 있기 때문이라오. 누구나 자신의 명예와 승리에 대한 애정을 품고 있는데 나는 이것을 '기개'라고 부른다오.

원하는 일을 성취해서 의기양양해 있는 사람을 생각해 보시오. 스스로에 대한 강한 긍지와 자신에 찬 태도가 바로 기개라오. 그런 기개가 없는 삶은 감정적으로 황폐해질 수밖에 없소. 물론 기개도 지나치면 문제가 된다오. 애국심이 지나치면 다른 나라 사람들을 무시하기 십상인 것처럼 자신에 대한 사랑이 지나쳐 다른 사람에게 피해를 줄 수 있소. 기개는 원래 자신의 존재 가치를 인정받고 싶고 명예를 소중하게 생각하는 것인데 그 인정 욕구가 지나쳐서 횡포가 되는 것이오. 그런 사람들은 기개의 본디 뜻을 잊어버린 사람들이라 할 수 있지. 자신의 행동에 대해 자기반성을 하지 않기 때문에 양심의 가책을 전혀 느끼지 못하고 결국 후회할 일을 하지만, 당신처럼 자신이 하는 일에 대해 끊임없이 성찰하고 있다면 그런 지나침에 빠질 일은 없을 것 같소.

사람들은 누구나 이성과 기개와 욕망의 세 가지 영혼을 소유하고 있소. 그런데 이 비율이 저마다 조금씩 다르다오. 지적인 활동에 빠져서 지내는 사람들이 있는 데 비해 기개의 영역이 많은 부분을 차지하는 사람이 있는가 하면, 다른 사람은 욕망이 압도적인 위치를 차지하기도 하오. 당연한 이야기지만 그중 어느 하나가 지나치면 문제가 된다오. 예를 들어 욕망을 억누르는 기개라도 아무 욕망이나 마구 억누르면 그건 절제가 아니라 극단적인 금욕이 될 수 있지. 반면 어떤 욕망을 억제해야 할지 모르면 무절제한 행동으로 이어지는 것이오. 이들 영혼의 중용을 맞추기란 결코 쉬운 일이 아니오.

그래서 나는 먼저 부끄러움을 아는 것이 욕망을 억제하는 기준이라고 생각한다오. 힘없는 사람들에게 자신의 권력을 내세워 무시하는 것이 부끄럽다는 걸 알고 참는 것처럼, 당신은 남들에게 어느 정도로 수다를 떨어야 부끄러움의 정도를 넘지 않는 것인지 판단해야 할 것이오. 단 부끄러움의 정도는 세상 사람들의 시선으로 정하는 것이 아니라오. 그 기준은 철저하게 당신 스스로 오로지 자기반성을 통해 세워야 하는 것이오.

마지막으로 부끄러움을 안다는 것은 이미 당신이 기개가 무엇인지 절반은 알고 있다는 의미가 아닐까 싶소. 지금처럼 부디 기개를 가진 떳떳한 삶을 살길 바라오.

아테네의 아카데미아에서 플라톤이

플라톤이 말하는 '기개'

플라톤은 인간의 영혼이 이성 · 기개 · 욕망의 세 부분으로 구성되어 있다고 주장했다. 이성은 지식과 진리를 추구하고, 기개는 분노의 감정을, 그리고 욕망은 육체적 · 물질적 쾌락을 추구한다는 것이다.

'기개'는 그리스어로 '티모스thymos'인데, 플라톤은 이를 '분노'의 의미로 곧잘 사용했다. 과도한 욕망을 억누르고 싶을 때 그 반응이 이성에 의한 단순한 거부가 아니라 분노의 형태로 표출되기 때문이다. 그런데 그 분노는 자신의 욕망에 대한 것임에 주의해야 한다. 이런 점에서 분노는 여느 분노처럼 동물적인 것이 아니라 자기 반성적인 것이라고 말할 수 있다.

플라톤은 《국가》에서 욕망과 분개, 그리고 이성이 작용하는 원리를 설명하면서 인간의 본성에 가까이 접근하고자 했다.

이데아의 철학자, 플라톤

"욕망이 어떤 사람으로 하여금 헤아림을 거스르도록 강요할 때, 그 사람은 자기 자신을 꾸짖으면서 자기 안에서 그런 강요를 하는 부분에 대해서 분개하는데, 이런 사람의 격정이 마치 분쟁하고 있는 두 당파 사이에서처럼 이성과 한편이 된다."

플라톤은 고대 그리스의 철학자이다. 아테네의 유력 가문에서 태어나 어린 시절 유명 문학가들로부터 가르침을 받았다. 스무 살 무렵 소크라테스의 문하로 들어가 제자가 되었고, 후에 아리스토텔레스의 스승이 되었다. 그는 소크라테스가 제자들과 나눈 대화를 내용으로 하는 《대화》 편을 30권 이상 남겼다. 초기 저작은 소크라테스의 사상이고 후기 저작은 플라톤의 사상인 것으로 알려져 있다.

플라톤은 우리가 경험하는 물질적인 세계는 비물질적이고 초월적인 이데아의 세계의 그림자에 지나지 않는다고 주장했다. 그에 따르면 감각적인 지식은 한갓 의견에 지나지 않으며 이데아의 지식이 참된 지식이다.

그가 설립해 제자를 양성했던 아카데미아의 정문에는 "기하학을 모르는 자는 이곳에 들어오지 말라"는 글이 쓰여 있었다고 한다. 이는 당시 기하학이 가장 이상적인 학문으로 여겼기 때문이다.

3장

변화가 두려운 그대에게

17

피터 싱어

Peter Singer

(1946~)

◆

호주의 철학자, 프린스턴 대학교와 멜버른 대학교 석좌교수,
동물해방론자

◆

관련 도서

《동물해방 Animal Liberation》, 1975

《실천윤리학 Practical Ethics》, 1979

《사회생물학과 윤리 Expanding Circle》, 1981

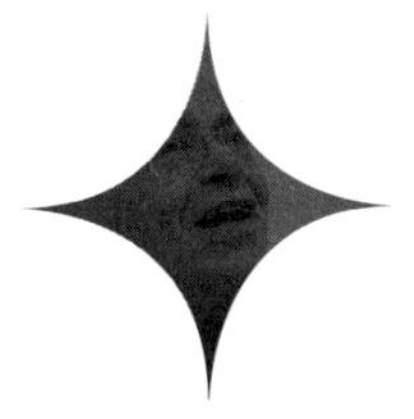

언제까지 똑같이 반복되는 하루를 살아야 할까요?

효율적 이타주의자인 피터 싱어 씨,

안녕하세요.

평범한 50대 주부입니다. 요즘 저는 무료한 생활 때문에 괴롭습니다. 싱어 씨가 고민을 해결해 주셨으면 하는 마음에 편지를 보냅니다.

저는 대학 시절 전공을 살려 회사에 취업했고 지금의 남편과 결혼한 뒤에도 계속해서 일을 했습니다. 그러던 중 아이를 출산하면서 회사를 그만두고 육아에 전념했습니다. 몇 년간 아이를 키우고 다시 일을 시작하고 싶다는 생각이 들 무렵 둘째 아이가 생겼습니다. 다행히 남편이 전문직 일을 하고 있어 경제적 부담이 없었던 덕분에 예정된 것처럼 자연스럽게 가정주부가 되었습니다.

둘째가 태어난 뒤부터는 오직 아이들과 남편을 위해서만 생활하는 일상이 계속됐습니다. 아침에 가장 먼저 일어나 일찍 학교에 가는 아이들의 도시락을 싸고 아침을 준비했습니다. 남편이 좋아하는 국을 끓이고 셔츠를 다리느라 눈 뜨는 순간부터 전쟁터가 따로 없는 매일이었습니다. 아이들과 남편이 학교로, 회사로 간 뒤에는 청소, 빨래, 저녁 준비에 아이들 학원 뒷바라지로 하루 종일 종종거리느라 정신없었고요.

그런데 이 생활도 아이들이 대학에 들어가면서 조금씩 바뀌기 시작했습니다. 매일 일찍 일어나 아침을 차려도 아이들은 수업이 느지막이 있는 날은 잠을 자는 게 더 중요하다며 거르기 일쑤였고, 남편도 승진하면서 출근 시간이 빨라져 아침밥 대신 간단한 요깃거리만 챙겨 달라고 하더군요. 어느새 아이들은 대학을 졸업하고 취업하면서 각자 독립해 살고 있습니다. 남편은 여전히 회사 일로 바쁜 요즘입니다.

저는 아침에 일어나 밥을 먹고, 일주일에 두세 번씩 문화센터에서 수영을 합니다. 그리고 점심을 먹고 소소한 집안일을 하면서 하루를 보냅니다. 매일 이런 일상이 반복되고 있습니다. 봄가을이면 등산을 가기도 하지만 1년에 손에 꼽을 정도입니다.

이러다 보니 내가 밥을 먹긴 했는지, 친구를 만난 게 어제였는지 그제였는지, 오늘 해야 할 일이 무엇인지 제대로 기억나지 않아서 애를 먹기도 합니다. 반복되는 일상에 현실감각이 사라진 기분이랄까요. 똑같은 내일, 똑같은 내년을 보내야 한다고 생각하면 다음 날 아침에 눈을 뜨는 게 두렵기까지 합니다. 가끔은 매일 같은 일상을 보내는 내가 너무도 하찮은 존재인 것 같아 자괴감 때문에 괴롭습니다. 아직은 살아갈 날들이 많은 저는 남은 날을 어떻게 보내야 할까요? 따끔해도 좋으니 제게 조언을 보내주셨으면 좋겠습니다.

| 철학자의 답장 |

'반복된 인생의 괴로움'과 '안정된 삶의 만족'은 서로 다른 것일까?

일상으로부터 탈출하고 싶은 당신에게,

안녕하세요. 반갑습니다.

보내주신 편지를 읽고 나니 마음이 무거워지는군요. 많은 사람들은 믿고 있죠.

'돈이 많으면 이 지긋지긋한 삶의 문제들이 해결될 거야.'

'나중에 시간적 여유가 생기면 고민 없이 즐기며 살 거야.'

하지만 우리를 둘러싼 문제의 연결고리는 그렇게 쉽게 끊어지지 않아요. 당신의 고민처럼 말이죠.

경제 사정이 좋지 못한 가정의 주부는 육아와 집안일을 돌보는 동시에 생계를 이어가는 슈퍼 워킹맘으로 살아야 합니다. 다행히 경제적 여유가 있어 일하지 않아도 되는 전업주부는 워킹맘에 비해 여유 있고 편안한 생활을 할 수 있죠. 하지만 그건 단순히 육체가 편안한 것일 뿐, 정신까지 편안한 것인지는 알 수 없어요. 왜냐하면 그들에겐 '삶의 목표'가 사라져버렸기 때문이죠.

생각해 보죠. 일을 하면서 아이를 키우고 살림을 꾸려나가는 워킹맘은 생계를 위해 더 열심히 일해야 한다는 삶의 목표가 있습니다. 동시에 일 때문에 아이와 집안일을 여유롭게 챙기지 못하니 더욱 신경 쓰자는 목표도 세웠을 겁니다. 시간이 흘러 아이가 독립을 하고 난 뒤에는 그동안 해온 일에 남은 열정을 쏟을 마음이 생기기도 하겠죠.

그런데 지금의 당신처럼 아이들이 모두 건강하게 잘 자라 독립한 덕분에 시간이 많아지고, 돈도 부족하지 않은 좋은 환경이 오히려 문제의 발단이 됩니다. 바라던 것을 모두 얻는 순간에 인생에서 가장 중요한 삶의 목표도 함께 사라져버리니까요.

삶의 목표가 사라지는 것이 당신만의 이야기는 아니에요. 남자든 여자든 일을 하는 사람들은 자신이 목표로 한 것을 성취한 다음에는 승리의 짜릿함을 느낍니다. 하지만 성취감이 사라지고 난 다음에는 오히려 허탈함을 경험하죠. 목표 달성은 곧 목표 상실과 같으니 자신의 삶 자체에 의문을 품게 되는 것입니다. 이때 사회생활을 하는 사람들은 원하던 바를 이루고 나서 어느 날 문득 아침에 눈을 뜨고서 '이게 삶의 전부일까?' 하는 회의를 느끼더라도 더 높은 연봉과 더 큰 권한을 누릴 수 있다는 기대감으로 회의감을 잠시 잠재울 수 있어요. 하지만 그러한 목표나 보상도 없는 가정주부는 존재의 무의미를 더욱 절박하게 느낄 수밖에 없겠죠.

매일 반복되는 무의미한 일상은 고대 그리스 신화의 시시포스Sisyphos를 떠올리게 합니다. 시시포스는 신들의 비밀을 인간에게 알려준 벌로 지옥에 떨어져 거대한 바위를 산꼭대기까지 굴려 올리는 벌을 받습니다. 그가 굴려 올린 바위는 산꼭대기에 이르면 다시 아래로 굴러떨어지고 또다시 굴려 올리면 어김없이 굴러떨어지기 때문에 시시포스는 영원히 그 일을 되풀이해야 하는 운명이죠.

이 이야기는 프랑스의 실존주의 작가인 알베르 카뮈Albert Camus가 27세에 쓴 에세이 〈시시포스 신화〉의 소재로 써서 유명해진 신화에요. 오늘 일이 끝나면 내일 처음부터 다시 일을 시작해야 하고 결국에는 아무것도 이루지 못하는 이 헛수고가 끝없이 반복되는 인간 존재의 덧없음을 일깨우는 암울한 비유죠. 카뮈는 인간의 삶은 지루함과 고통의 연속이며, 그래서 자살만이 진지한 철학적 문제라고 말했습니다. 하지만 저는 카뮈의 생각에 동의하지 않아요. 그건 우리 삶이 고통스럽기만 하다는 전제에서 나오는 생각이니까요.

저는 당신의 고민이 시시포스와 같다는 생각을 했습니다. 주부든 직장인이든 목표를 상실한 현대인에게 새로운 목표도 없이 영원히 끝나지 않는 노역은 시시포스가 받은 형벌의 현대판인 셈이죠. 그렇다면 이런 삶의 무료함을 어떻게 해결해야 할까요?

미국의 철학자인 리처드 테일러Richard Taylor는 시시포스가 운명을 바꾸고 삶에 의미를 부여할 수 있는 두 가지 방법을 제안합니다. 첫 번째는 매번 똑같은 바위를 굴려 올리면 땀 흘린 결실이 전혀 없으니 다른 돌을 굴려서 언덕의 중간에 신전을 짓는 것입니다. 두 번째는 매번 똑같은 바위를 헛되이 굴리긴 하되 바윗돌을 굴리려는 강한 욕망을 불어넣는 것입니다.

시시포스 신화에 비유해 이야기했지만 두 가지 방법은 의미 있는 삶을 위해 어떻게 살아야 하는지를 보여주는 실천적 관점을 대변하고 있습니다. 첫 번째 방법은 객관적으로 가치 있는 목표를 추구하는 것입니다. 아름다운 신전은 누구나 의미 있다고 생각하는 위대한 예술품입니다. 따라서 매번 새로운 공을 굴려 신전을 창조하는 일은 객관적 가치가 있는 좋은 일이라고 판단할 수 있습니다. 이에 반해 두 번째 방법은 외부의 객관적 기준이 아니라 나 자신의 내면인 주관적 판단에 의미를 둔 목표를 추구하는 것입니다. 내가 하는 일이 얼마나 가치 있는 일인가를 판단하는 것은 결국 자신의 욕망이라고 보고, 산꼭대기에 다다르는 순간 다시 굴러떨어질 바위를 밀어 올리는 일을 무의미하다고 생각하지 말고 새로운 의미를 부여하라는 것입니다.

저는 이 중에서 첫 번째 방법을 권하고 싶습니다. 내용도 없이 내면만 들여다보는 두 번째 방법은 '텅 빈' 자아만 찾을 뿐이기 때문입니다. 그래서 저는 당신이 매일 반복되는 무료한 나날을 바라만 보고 있기보다 더 큰 이상을 위해 노력하길 권하고 싶어요. 시시포스가 바위를 산꼭대기까지 굴려 올리는 대신 그 돌들을 언덕 중간에 쌓아 신전을 지어 삶에 새로운 의미를 부여하는 것처럼 말이에요. 끊임없이 산꼭대기까지 돌을 굴려 올릴 힘이 있으면 분명 언덕 중간을 닦아 신전을 쌓을 힘도 있을 테니까요.

제가 공부해 온 철학에 비유해 말하자면 새로운 가치가 있는 목표를 찾아 행동하는 것은 자아보다 더 큰 이상인 '초월적 이상'을 펼치는 셈입니다. 내가 할 수 있다고 생각하는 크기인 자아의 테두리를 넘어 다른 사람을 위한 삶을 사는 것이죠. 신전을 짓는다는 것은 아름다운 건축물을 감상하는 즐거움과 그곳에서 기도할 수 있는 장소를 제공한다는 이로움을 전달할 수 있는 의미도 있으니 말이에요.

그러기 위해서 먼저 세상을 넓은 시야로 바라보는 것이 좋습니다. 거창하게 말하면 '우주적 관점'을 채택한다는 뜻인데, 나의 고통뿐 아니라 모든 존재의 고통을 똑같이 대하는 윤리적 삶을 산다는 것을 말하죠. 저는 현시대의 대표적인 공리주의 철학자로 알려져 있습니다(저는 지금도 왕성하게 활동하는 철학가랍니다). 공리주의는 나의 것이 됐든 남의 것이 됐든 쾌락을 늘리고 고통을 줄이는 행동이 옳다고 주장하는 철학입니다.

대단한 이론인 것 같지만 사실은 "자신이 원하지 않는 일을 남에게 하지 말라"는 공자의 말이나 "너희는 남에게서 바라는 대로 남에게 해주어라"라는 예수의 말과 일맥상통하는 말입니다. 내가 고통받기를 원하지 않는 것처럼 다른 사람들도 고통받기를 원하지 않을 테니 고통을 덜어 주고, 내가 쾌락을 추구하듯이 다른 사람들도 쾌락을 추구할 테니 쾌락을 얻도록 도와주라는 말이죠.

사실 우리 주위에는 고통받는 존재가 많습니다. 영양실조에 걸리거나 쉽게 치료받을 수 있는 질병으로 죽어가는 어린이들, 비좁은 우리에 갇혀 고통스럽게 사육되는 동물이나 무분별한 개발로 사라지는 자연환경도 있죠. 이렇게 우리 시대에 고통받고 더 나아가 도움이 절실한 곳이 많습니다.

저 역시 철학자임과 동시에 국제동물권리협회 회장직을 맡으며 동물 해방을 주장하고 있어요. 공리주의 입장에서 볼 때 인간이라고 해서 다른 동물에 대해 특권적인 존재로 취급될 수는 없다고 생각해요. 우리가 싼 가격에 고기를 먹기 위해 감각이 살아 있는 다른 종의 동물들을 고통 속에서 사육하는 것을 반대하고 있죠. 이렇게 철학을 인간뿐만 아니라 동물과 환경으로까지 영역을 넓혔더니 전보다 훨씬 더 철학의 깊이가 생긴 것 같아요. 이런 경험을 한 제가 감히 당신에게 조언을 드리자면 주부로서 자식들을 건강하게 키웠던 그 마음으로 버려진 아이를 감싸 안고 작은 힘이나마 노숙자에게 밥 한 끼의 온정을 나누면서, 이번 기회에 지금까지 내 가정으로만 맞춰졌던 삶의 목표와 시야를 더 넓혀보는 것은 어떨까요?

그리고 부디 제 진심을 오해하지 않았으면 합니다. 인생이 무료하다는 배부른 소리를 할 시간에 어려운 사람이라도 돌보라며 던지는 조언이 아니에요. 저는 지금 당신의 삶이 최선을 다해 지금까지 살아서 얻은 결과라고 생각해요. 그래서 이렇게 멋진 당신을 필요로 하는 곳이 세상에 넘쳐난다고 말하고 싶었습니다. 당신이 무료하다고 느끼는 시간이 도움이 절박한 어느 곳에서 마법 같은 기적이 일어나는 소중한 시간으로 바뀌길 바랍니다. 그러면 평생 어깨를 짓누르던 바위를 짊어진 시시포스도 언젠간 콧노래를 부르며 즐겁게 바위를 들어 올리는 날이 오지 않을까요?

아직 당신이 맞이하지 못한 인생 최고의 날을 경험하길, 그리고 당신 자신이 가치 있는 사람임을 깨닫길 바라며.

미국의 프린스턴 대학과 호주의 멜버른 대학을 오가며 피터 싱어가

피터 싱어가 말하는 '우주적 관점'

'너무 늦기 전에 세상을 더 나은 곳으로 바꾸는 일에는 누구나 참여할 수 있습니다. 자신의 목표를 재고하고 자신의 행동에 질문을 던질 수 있습니다. 지금의 삶이 공평한 가치 기준에 어긋난다면 바꿀 수 있습니다. 그것은 직장을 그만두는 것일 수도 있고, 집을 팔고 인도의 자원봉사 단체에서 일하는 것일 수도 있습니다. 윤리적 생활 방식을 선택하는 것은 첫걸음을 내딛는 것입니다. 이제 자신의 생활 습관에서, 자신이 세상에서 차지하는 위치를 생각하는 태도에서 점진적이면서도 원대한 발전을 이루어가야 합니다. 그러면 새로운 이상을 품게 되고 목표가 바뀔 것입니다. 일에서 보람을 찾는다면 더는 돈과 지위에 연연하지 않을 것입니다. 관점이 바뀌면 세상이 달라 보입니다. 분명한 사실은 가치 있는 일을 얼마든지 찾을

수 있다는 것입니다. 권태를 느끼거나 삶에서 공허감을 느끼지도 않을 것입니다. 무엇보다 중요한 사실은 자신의 삶이 헛되지 않았음을 알게 된다는 것입니다. 윤리적 삶을 산다는 것은 이 세상의 온갖 고통에 연민을 느껴 세상을 더 나은 곳으로 바꾸고자 애쓴 위대한 전통에 참여하는 것이니까요.'

《이렇게 살아가도 괜찮은가》

피터 싱어는 윤리적 삶을 산다는 것은 우주적 관점을 취하는 것이라고 말한다. 그것은 욕망에 사로잡히지 않고 가치 있는 이상을 찾는 만큼 객관적으로 자신을 바라볼 수 있다는 것이다. 따라서 우주적 관점을 취하면 자신의 즐거움을 고려하는 것에 앞서 다른 사람의 고통을 줄이기 위해 할 수 있는 일을 찾고 행동해야 한다는 것을 깨닫게 된다. 이것이 바로 편지글에서 이야기한 '자아의 안'이 아닌 '자아의 밖'에서 삶의 목적을 찾는 것이다.

그리고 싱어에 따르면 우주적 관점을 채택한 사람은 해야 할 일이 너무 많아서 엄두가 나지 않을지는 모르지만 권태를 느끼지 않으며, 삶에 의미를 부여하기 위해 무리하거나 심리 치료를 받을 필요도 없다. 이 세상에는 당하지 않아도 될 고통이 너무 많은데, 우주적 관점을 지니면 그것을 제거하는 데 앞장서고 그 과정에서 정당한 성취감을 느끼기 때문이다.

실천윤리학의 거장, 피터 싱어

"세상을 넓은 시야로 바라보는 것은 윤리적 삶의 특징입니다."

호주에서 태어난 피터 싱어는 모나시 대학에서 공부한 뒤 영국의 옥스퍼드 대학에서 제러미 벤담Jeremy Bentham, 존 스튜어트 밀John Stuart Mill 등의 공리주의 철학자들을 연구했다. 지금은 미국의 프린스턴 대학의 생명윤리학 석좌교수와 호주 멜버른 대학의 응용철학 및 공공윤리센터의 석좌교수로 활동하고 있다. 실천윤리학 분야의 거장이자 동물해방론자인 그는 2005년 〈타임〉에서 선정한 세계에서 가장 영향력 있는 100인 중 한 명에 선정되기도 했다. 또한 현존하는 철학자 중 영어권 국가에서 가장 영향력 있는 철학자로 꼽히고 있다. 따라서 피터 싱어만은 이 책의 제목인 《죽은 철학자의 살아 있는 위로》에 맞지 않는 유일한 철학자이다. 그에게는 크나큰 실례이지만 싱어의 연구 성과는 철학의 토대를 다진 선배 철학자들에 충분히 견주어 볼 만하다는 생각에서 그의 위로를 요청한 것이니 너그러이 이해해

주길 바란다.

싱어의 기본적인 윤리 원칙은 '이익 평등 고려의 원칙'이다. 이 원칙은 도덕적 사고에서 우리의 행위에 영향을 받을 모든 사람들의 같은 이익에 대해 동등한 비중을 둔다는 공리주의적 주장이다. 그는 이런 원칙에 기반해 인종이나 성별과 관계없이 동등한 대우를 받아야 한다고 주장할 뿐 아니라, 더 나아가 인간이든 동물이든 고통은 똑같이 덜어주어야 할 대상이라고 주장한다. 이처럼 동물의 권리에 관한 생각을 담은 그의 저서 《동물 해방》이 1975년에 출간되며 동물 운동 진영에 큰 영향을 끼쳤다.

싱어는 또한 각종 실천적인 주제에 관해 윤리적인 발언을 했다. 기아에 시달리는 제3세계의 빈민을 원조해야 한다는 주장은 그를 영향력 있는 윤리학자로 주목받게 하는 계기가 되었다. 우리가 물에 빠진 아이를 충분히 구할 수 있음에도 구하지 않으면 비난을 받는 것처럼 기아에 시달리는 빈민은 약간의 원조만으로도 목숨을 구할 수 있으므로 원조는 자선이 아닌 의무라는 것이다.

18

바뤼흐 스피노자

Baruch Spinoza

(1632 ~ 1677)

◆

네덜란드의 철학자

◆

관련 도서

《데카르트 철학 원리 Renati des Cartes Principiorum Philosophiae》, 1663

《신학정치론 Tractatus Theologico-Politicus》, 1670

《에티카(윤리학) Ethica Ordine Geometrico Demonstrata》, 1677

《국가론 Tractatus Politicus》, 1677

성형수술로 외모를 바꾸면 제 인생도 바뀔까요?

종말이 와도 한 그루의 사과나무를 심겠다는 스피노자씨,

안녕하세요.

저는 삼십 대 후반의 노총각입니다.

남보다 딱히 잘난 건 없지만 안정적인 직장에 무난한 성격을 가졌습니다. 그런데 제 외모가 좀 강한 편입니다. 눈매가 날카롭고 사각턱이 발달해서인지 제 첫인상을 좋지 않게 보는 사람들이 많습니다.

그래서일까요? 회사에서 외부에 나가서 사람들을 만나거나 고객을 상대하는 일보다는 주로 사무실에서 하는 일을 맡고 있습니다. 그러다 보니 승진도 늦어 동기 중에서 제가 제일 직급이 낮은 상황입니다. 게다가 연애도 잘 풀리지 않아서 고민입니다. 꽤 오래전에 여자 친구와 헤어진 이후로 몇 차례 소개팅도 해봤지만 모두 결과가 좋지 않았거든요. 요즘에는 소개팅할 기회도 거의 없고, 친구들도 해준다는 말만 하고 막상 약속을 잡아주지 않아요. 회사도 사생활도 제대로 되는 일이 없어 답답한 날들의 연속입니다.

솔직히 말하면 남들에게 말은 못하고 있지만 요즘 성형수술을 심각하게 고민 중입니다. 예전에는 외모보다 더 중요한 것이 많다고 생각했었어요. 호감을 주는 인상은 아니어도 최선을 다하면 진심이 통할 거라 믿었습니다. 그래서 생긴 대로 살자고 했었죠. 그런데 요즘 들어 인상이 별로라는 소리를 자주 들었어요. 그래서인지 승진이 어렵고 연애를 못 하는 것도 모두 제 얼굴 때문인 것만 같습니다.

성형수술로 잘생겨지고 싶은 것이 절대로 아닙니다. 그저 인상이 조금이라도 부드러워졌으면 좋겠습니다. 어떤 책을 보니 상대를 판단하는 가장 큰 요인 중 하나가 첫인상이라고 하더군요. 첫인상이 좋으면 그 사람의 다른 행동도 좋게 받아들여지고, 그렇지 못하면 모든 행동이 부정적으로 여겨진다고 하니 더는 무시할 수 없을 것 같습니다. 게다가 첫인상을 결정하는 가장 큰 요인이 얼굴이라고 하니…. 성형수술로 인상을 부드럽게 바꾸면 저에게도 좋은 기회가 오지 않을까요?

| 철학자의 답장 |

그 누구를 위한 선택도 아닌, 온전히 자신을 위한 선택을 하시오!

강렬한 첫인상을 지닌 그대여,

내가 살던 1600년대에는 성형수술이라는 게 없어서 솔직히 말하면 그대의 고민이 쉽게 이해되지 않는구려. 성형成形이라고 한다면 말 그대로 어떤 방법이나 도움을 받아 당신의 얼굴을 원하는 대로 만드는 행위일 거라 추측하오만.

'전에는 외모보다 더 중요한 최선을 믿고 생긴 대로 살 생각이었던' 그대가 진지하게 성형수술을 고민한다는 것을 보니 꽤나 힘든 상황이라는 것만은 확실하게 알 것 같소. 그대는 성형수술을 하면 분명 인상이 바뀔 것이라 생각하는 것 같구려. 그럼에도 성형수술을 하겠다는 결심을 쉽게 내리지 못하는 이유가 무엇이오? 혹시 그대의 인상이 좋지 않다는 주변 사람들의 평가 때문에 성형수술을 하고 싶지만 동시에 그렇게까지 해서 인상을 바꾼다는 주위의 시선 때문에 주저하고 있는 것은 아니오?

만일 그러하다면 내가 해줄 말이 있을 것 같소. 우리는 여러 가지 느낌이나 감정을 가지고 있다오. 기쁨, 슬픔, 즐거움, 분노, 부끄러움 등 모든 것이 우리 안에 있소. 나는 그런 느낌을 '정념情念'이라는 용어로 즐겨 표현하오. 그런데 이 정념이라는 것이 외부에서 온다는 것을 알고 있소? 우리 마음속에서 저절로 생겨나는 것이 아니오. 외부로부터 받은 어떤 자극의 작용을 받아 생겨난다오. 우리 인간은 자연의 일부분이고 다른 사람과의 관계 속에서 살아가므로 이 과정에서 정념이 생긴다는 말이라오.

그대가 처한 상황에 대입해 조금 더 쉽게 설명해 주겠소. 그대는 사람들의 평가에 '슬픔'을 느끼고 있소. 그리고 부드러운 인상을 갖고 싶다는 '희망'을 가지고 있는 것 같구려. 이는 '사람들이 내 첫인상을 안 좋게 평가한다'는 주변 사람들과의 관계 때문에 생겨난 것인 듯하오. 만일 그대가 성형수술로 인상이 부드럽게 바뀌어 그런 시선을 극복하게 된다면 '기쁨'을 느낄 것이오. 결국 지금 그대가 품고 있는 희망과 그대가 느끼는 슬픔, 그대가 기대하는 기쁨이라는 정념은 모두 그 원인이 외부에 있는 셈이오. 그대가 스스로 만들어낸 것이 아니라 외부의 자극에 의해 만들어진 것이니 말이오.

그렇다면 이런 정념을 제어할 수 있는 방법이 무엇이라 생각하오? 그것은 우리의 삶이 정념 같은 외적인 것들에 의해 좌우되지 않고 우리 자신의 본성, 다시 말해서 이성에 인도되게 하는 것이라오. 나는 외부의 원인에 조종되고 흔들리는 사람을 '노예'라고 불렀소. 반대로 자신의 이성에 따라서 행동하는 사람은 '자유인'이라고 불렀소. 노예는 자신이 진정으로 원하는 것이 무엇인지 모르고 다른 사람들의 의견에 이끌리는 사람을 말한다오. 반면 자유인은 자신 이외의 다른 어떤 사람도 따르지 않고 오직 자신의 신념을 따르는 사람이라오. 이들은 자신의 삶에서 가장 중요하다고 인식한 것만을 행동으로 옮긴다오. 우리는 당연히 정념에 휘둘리는 불안한 노예가 아닌 자유인을 추구해야 한다오.

쉽게 예를 들어보겠소. 재미있는 게임을 한다고 해봅시다. 똑같은 게임을 즐기더라도 한 사람은 게임을 취미생활로 적절히 즐기면서 삶의 활력소로 이용하고, 다른 사람은 게임에 중독되어 하루 종일 아무것도 하지 않고 오로지 게임만 한다고 하오. 게임을 즐기는 사람은 이성적으로 인간의 본성이 무엇인지 인식하고 그것에 따라 자신의 행동을 능동적으로 이끌어가는 자유인이라 할 수 있지. 반대로 게임에 빠져 지내는 사람은 외부 영향에 완전히 예속되어 스스로 통제하지 못하는 노예로 사는 것이라오.

자유인이니 노예니 하는 말을 들으니 생각할수록 골치가 아플 것이오. 혹시 그대는 내가 딱 잘라 성형수술을 해야 할지 말아야 할지 말해 주길 바라는 것이오? 쯧쯧, 이것이 바로 노예의 자세라오.

그대가 노예가 아닌 자유인이 된다고 할 때 성형수술을 할 수도 하지 않을 수도 있소. 정념이 그대의 의지가 아닌 타인이나 외부 자극에 의해 탄생한다고 해서 그 정념을 무조건 버리라는 게 아니라오. 정념이라는 것을 버리는 건 상상 이상으로 어려운 일이라는 걸 우리 모두 잘 알고 있으니 말이오. 다만 정념의 참된 원인을 분명히 파악하라는 것이라오. 그러니까 다른 사람들이 소망하거나 중요하게 여기는 것을 따라서는 안 된다는 말이오. 이는 노예에 불과할 뿐. 그대 스스로가 원하는 것과 소중하게 생각하는 것을 인식하고 그것을 행동하길 바라오. 그때 비로소 그대는 자유인이 될 수 있소.

그대가 외모를 고민한다면 '그 원인은 무엇인지, 그 원인의 원인은 또 무엇인지…'. 이런 식으로 필연적인 인과관계를 따라가서 고민이 생길 수밖에 없는 이유를 먼저 제대로 인식해야 할 것이오. 아마도 그대가 말한 것처럼 외모와 인상을 중시하는 사회 분위기가 그 원인일 테지만…. 물론 그 원인을 찾는다고 해서 고민이 당장 없어지는 것은 아니라오. 하지만 좌절만 하지 말고 한결 편안한 마음으로 따져 보라는 것이오. 쉽게 말해서 모든 것이 이미 일어날 일이라면 그것을 바꾸려고 헛된 희망을 품는 것 자체가 어리석다는 걸 깨닫게 될 것이오. 그러면 고통스러운 고민에서 한걸음 물러날 수 있지 않겠소?

혹시라도 오해하지 않았으면 좋겠소. 자유인이 된다고 해서 모든 것을 '체념'하고 그대가 말한 것처럼 '생긴 대로' 살라는 것은 아니라오. 나는 철학자지만 철학이 밥을 먹여주지는 않아 평생 유리를 갈며 렌즈 가공하는 것을 업으로 삼았소. 내가 살던 시대에 안경이나 망원경을 만드는 일은 나름대로 신기술이었소. 자랑하려는 것이 아니오. 눈이 나쁜 사람이 안경을 쓰거나 인간의 시력이 가진 한계를 극복하기 위해 현미경이나 망원경을 사용하는 일은 '자연스러운' 일이라는 것을 말하기 위해서라오. 안경이나 망원경은 타고난 우리 신체에 인공적인 장치를 부여하는 것이지만 그것이 자연의 법칙에 어긋나는 것은 아니지 않소? 시력이 좋지 않은 사람에게 선천적으로 그렇게 태어났으니 그냥 안 보이는 대로 살라고 한다면 얼마나 잔인하오. 얼마든지 안경이나 수술을 통해 좋은 시력을 가질 수 있음에도 주어진 대로만 살아야 한다는 것은 옳은 방식이 아니라오.

아마도 그대는 내가 하려는 말을 이해했을 것이라고 믿소. 나는 그대가 사는 시대의 성형수술이 안경이나 망원경처럼 필연적인 법칙에 어긋나지 않을 정도의 기술력을 가졌는지는 알지 못하오. 그러나 만약 그 기술이 필연적인 체제의 일부라고 믿는다면, 그리고 그런 수술이 그대의 본성에 따른 것이고 성형수술을 하는 것이 스스로 원하는 삶의 방식이라고 생각한다면 행동으로 옮기길 바라오. 물론 그 결단은 노예가 아닌 자유인의 신분에서 내려야 한다는 것을 절대로 잊지 말아주오. 주변의 생각이나 가치에 의해 판단하지 말아야 한다는 뜻이라오. 그대가 이성을 따라 인간으로서 자연의 필연적인 법칙에 의해 자유인으로서 결단을 내린 것이라면 성형수술이라고 해서 주저할 것은 없지 않소?

그대의 충분한 고민과 본성에서 나온 현명한 판단을 기대하겠소.

네덜란드의 암스테르담에서, 스피노자

스피노자가 말하는 '자유인'과 '노예'의 차이

스피노자에 따르면 우리는 정념으로부터 생겨난 행위와 이성으로부터 생겨난 행위 사이에서 선택에 직면한다고 한다. 이는 다시 말해 외부의 감정이나 풍문에 의해서만 인도되는 사람과 내부적 이성에 의해 인도되는 사람의 차이를 뜻한다. 전자는 원하든 원하지 않든 자신이 모르는 것을 행하지만, 후자는 다른 사람이 아닌 자신의 소망을 따르고 자기 인생에서 중요하다고 생각되는 것을 행한다. 이것이 노예와 자유인의 차이다.

인간은 그 본성이 이성적이므로 이성에 따라서 행위를 해야만 능동적으로 행동하는 것이며 그 행위는 곧 타당한 행위가 된다. 즉 스피노자에게 좋은 삶, 올바른 삶이란 노예가 아닌 자유인의 삶이며 수동적 삶이 아닌 능동적 삶이다. 이럴 때 무지한 삶이 아닌 지성적인 삶을 살 수 있고 슬픔이 아닌 기쁨을 누릴 수 있다. 또한 나약하지 않고 강인한 삶을 살 수 있다. 이것이 최고의 행복으로 이어진다고 여겼다.

그리고 그럴 때 이성적인 인간이 자신의 본성에 따라서 자신의 행위를 이끌어 나가고 결정을 내린 것이므로 자유인이 된다. 그렇지 않고 외부의 정념이나 사람들의 속견에 의해서 좌우되는 판단을 내린다면 곧 노예와 다름없게 된다.

자유인의 삶에서는 경멸도 비난도 증오도 사라진다. 모든 것이 신이나 자연의 법칙에 따라서 필연적으로 일어난다는 것을 깨닫는다면 그것에 대해 경멸하고 비난하는 것은 어리석은 일이기 때문이다. 자유인은 모든 정념에서 벗어나 모든 일을 기쁘게 받아들일 수 있게 된다. 이렇게 모든 것을 자연법칙의 필연적 결과로 인식하는 것을 '영원의 상 아래서 사물들을 보는 것'이라고 표현했다.

평생 렌즈를 갈았던 철학자, 스피노자

"이성의 지배를 받는 사람들, 즉 이성의 인도에 따라서 자기의 이익을 추구하는 사람들은 자신이 다른 사람들을 위해서 바라지 않는 어떤 것도 자신을 위하여 욕구하지 않으며, 따라서 그들은 공정하고 성실하며 또한 정직하다."

스피노자는 1632년 네덜란드 암스테르담에서 태어났다. 그의 가족은 포르투갈계 유대인으로 포르투갈에서 종교적 핍박을 받던 중 사상의 자유를 찾아 네덜란드로 이주했다. 하지만 아이러니하게도 스피노자는 토머스 홉스Thomas Hobbes와 르네 데카르트René Descartes의 저서를 탐독하면서 유대교에서 멀어졌다. 결국 신에 대한 견해가 다르다는 이단적인 사상을 지녔다는 이유로 유대인 교단에서 파문당했다.

스피노자는 평생 안경알을 깎고 렌즈를 갈며 생계를 유지했다. 렌즈를 갈았다고 하니 단순 작업을 업으로 삼은 것처럼 여겨지지만, 당시 망원경이나 현미경에 사용되는 렌즈를 가는 일은 상당한 광학 지식을 필요로 하는 일이었다. 그는 1677년 44세의 이른 나이에 죽었는데 렌즈를 가공하면서 유릿 가루를 많이 마신 탓이라는 설이 있다.

그의 대표 저서는 《기하학적 방법에 따라서 증명된 윤리학》이라는 긴 제목의 책으로 보통은 《윤리학》 또는 《에티카》라고 부른다.

19

미셸 푸코

Michel Foucault

(1926 ~ 1984)

◆

프랑스의 철학자

◆

관련 도서

《광기의 역사 Histoire de la Folie á L'âge Classique》, 1961

《말과 사물 Les Mots et Les Choses》, 1966

《지식의 고고학 L'archéologie du Savoir》, 1969

《감시와 처벌 Surveiller et Punir》, 1975

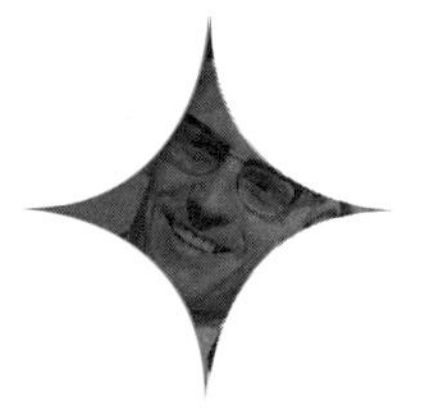

이미 환갑이 넘은 지금, 자유로워지고 싶습니다

제가 정상인지 비정상인지 알려줄 것 같은 푸코 씨,

안녕하세요.

저는 시골 섬마을에서 태어나 살다가 지금의 남편을 만나고 결혼해 서울에 상경한 지 40년이 넘은 주부입니다. 혼자서는 도저히 결정할 수 없는 문제가 있어 선생님의 의견을 듣고 싶습니다.

제 남편은 불같은 성격을 가진 가부장적인 사람입니다. 그래서 저는 4남매를 낳고 키우면서 지금까지 숨 한번 제대로 쉬지 못하고 살아왔습니다. 남편이 술이라도 마시는 날에는 폭력을 휘두르기도 했고, 마음에 들지 않는 게 있으면 밥상을 엎는 일도 다반사였어요. 아이들 앞에서 소리를 지르는 경우도 많아서 늘 우리 식구들은 남편의 눈치를 보며 살았죠. 요즘에는 가정폭력을 행사하는 남편을 법으로 처벌하기도 한다지만 40년 전만 해도 그럴 수 있는 분위기가 아니었습니다. 남들도 다 그렇게 살겠거니 하면서 참고 살 수밖에요.

남편의 불같은 성격이 나올 때마다 저는 나이가 들면 그래도 성격이 좀 유순해지겠지 하는 생각으로 묵묵히 견뎠습니다. 하지만 천성은 그리 쉽게 변하지 않더군요. 40년이 훌쩍 지난 지금도 남편은 여전히 우리 집안의 폭군입니다. 제 나이도 이제 환갑을 넘겼는데 아직도 자식들 앞에서 저를 무시하고 걸핏하면 화를 냅니다.

저도 그동안 쌓인 것이 많았는지 요즘 들어서는 남은 인생을 남편과 살 자신이 더는 없어요. 자식들도 다 커서 제 앞가림을 할 수 있게 되었으니 앞으로 단 하루를 살더라도 저 혼자 마음 편하게 자유로워지고 싶어요. 그런데 자식들은 재산도 없고, 남편과 헤어진다 한들 스스로 먹고살 능력도 없는데 뭐하러 다 늙어서 고생을 자처하느냐며 다들 말리네요. 사실 저도 막상 혼자서 살아갈 생각을 하면 두렵기도 합니다. 하지만 40년이나 견딘 이 불행한 삶을 죽는 날까지 반복하는 것은 너무도 가혹하다고 생각하지 않나요. 이러지도 저러지도 못하는 제 자신이 한심해 견딜 수가 없어요.

선생님은 어떻게 생각하시나요? 제가 기나긴 고난을 끝낼 수 있을까요? 그렇다면 남은 인생을 혼자서 잘 살아갈 수 있을까요? 하루 종일 저에게 묻고 또 물어도 좀처럼 답이 나오지 않네요.

| 철학자의 답장 |

당신에게 자유를 줄 수 있는 사람은 오직 당신뿐입니다

40년이라는 고통의 시간을 견뎌낸 마담이여,

봉주르, 마담.

머나먼 한국에서 온 이 편지를 받고 무슨 말부터 해야 할지 모르겠군요. 우선 폭력은 어떤 이유로든 정당화될 수 없습니다. 더구나 젊었던 당신이 노인이 된 지금까지 지속적인 폭력의 형태로 이어지는 그곳을 과연 가정이라고 부를 수 있을까요? 가정은 서로를 인격적으로 존중하고 사랑하며 살아가는 동반자들의 모임입니다.

물론 여성들이 참고 견디는 것이 당연한 미덕인 것처럼 여겨지던 과거의 관습 속에서 자신에게 행해지는 폭력에 저항하는 것 자체가 힘든 일이었다는 마담의 이야기를 내가 이해하지 못하는 것은 아닙니다. 마담을 둘러싼 삶의 공기가 그런 것이었다면 그러한 공기의 무게를 견디는 것이 자신의 소명이라고 생각할 수도 있었을 겁니다.

하지만, 마담.

이 세상에 원래부터 그런 것은 존재하지 않습니다. 바람이 불고 낙엽이 떨어지는 자연의 변화 속에서도 인간은 자연을 자신의 목적에 맞게 변화시키고 의미를 부여하면서 소위 문화라는 것을 만들었습니다. 그리고 그 문화는 때로는 눈에 보이는 결과물로 삶에 편리를 제공하는가 하면, 때로는 눈에 보이지 않는 제도나 관습으로서 더 나은 사회를 구성하기도 했죠.

하지만 그렇게 만들어진 문화가 더 나은 삶을 위해 작동하기는커녕 한 인간을 인격적으로 존중하지 못하는 데 쓰인다면 그것의 모순이 무엇인지 지적하고 그 모순을 고치려고 노력해야 합니다. 잘못된 것을 고치고 조금이라도 숨 쉴 틈을 만드는 것이 바로 한 인간이 가진 자유의 깊이이고 넓이입니다. 즉 이때의 자유는 단순히 선택지를 결정하는 그러한 자유가 아닙니다. 도저히 참을 수 없는 삶의 방식을 조금이라도 변화시킬 힘으로서의 자유를 의미합니다.

프랑스인인 나에게 한국은 낯선 나라입니다. 그곳에서 결혼 후 40년이라는 시간을 견뎌낸 마담이 살아온 역사가 결코 만만하다고 생각하지 않습니다. 4명의 자식을 낳고 지옥 같은 상황을 참아낸 마담의 고단한 삶은 분명 자식들에게 최선을 다한 삶이었다고 생각합니다. 하지만 이제 그 자식들도 모두 장성하지 않았습니까?

왜 마담은 가장 돌보아야 할 대상인 자신의 인생에 대해서는 전혀 돌보지 않습니까? 왜 자신의 삶에 대해 고민하고 어떻게 살 것인가에 관해 묻지 않고 어머니로서의 책임과 아내로서의 책임을 앞세우며 지금까지 그 지옥 속에서 고민하는 것인가요?

마담, 나는 그대처럼 지옥 같은 남편과 가정을 갖지는 않았지만 세상이 나에게 가했던 편견과 그로 인해 생긴 상처와 혼동으로 마음의 지옥을 경험했답니다. 누구나 마음의 지옥은 하나씩 가지고 있는 법이지요. 나는 백인이고 부유한 의사 집안에서 태어났고 공부도 곧잘 했답니다. 나를 둘러싼 모든 환경은 훌륭했고 내 인생에 비정상이라고 여겨질 만한 것은 아무것도 없었어요. 하지만 세상 사람들은 내가 사랑하는 대상이 이성이 아닌 동성이라는 사실을 조롱했어요. 내가 가진 사유의 폭과 깊이가 보통사람들보다 과도하다고 나를 경계했어요. 부족한 것이 전혀 없었던 어린 시절의 나는 세상 사람들에게는 비정상이었어요.

하지만 나는 스스로를 불쌍히 여기거나 연민하지 않았어요. 대신 사람들이 생각하는 정상과 비정상의 경계, 그 기준이 무엇에 의해 결정되고 유포되고 이해되는지를 공부하기 시작했어요. 그리고 그 경계가 매우 단단하고 객관적인 기준이 아니라, 매우 유동적이며 자의적인 지식의 역사와 권력의 작동에 의해 달라진다는 것을 알게 되었어요. 그것은 내 마음의 지옥을 벗어날 수 있었던 출구가 되어주었습니다.

마담, 이 세상에 원래부터 그런 것은 아무것도 없습니다. 남편의 이유 없는 폭력이 부당하다고 느껴지고 자신이 이보다 더 가치 있는 사람임이 분명할 때 마담은 새로운 삶의 기준과 방식을 스스로 창조하고 결단해야 합니다. 자신에게 하루라도 편하게 살 수 있는 자유를 줄 수 있는 사람은 오직 당신뿐입니다. 이것은 모아둔 재산과 능력의 문제가 아니라 자신의 삶에 대한 예의의 문제입니다.

마담, 우리는 자기 삶의 방식에 대해 고민해야 하고, 바로 자신의 삶을 돌보아야 하고, 자신의 삶을 그 무엇보다 아름답게 만들어야 할 의무가 있습니다. 자기 삶을 구원하는 일은 절대자나 가족의 몫이 아닌 오직 자신에 의해서만 가능합니다. 미술관에 있는 그림을 보고 아름다운 예술 작품이라고 감탄하지만 말고 이제 스스로 자신의 삶을 예술 작품으로 만들 수 있도록 세상을 향한 일갈의 용기를 내는 것은 어떨까요? 마담은 충분히 그럴 자격을 가졌고 그럴 능력도 갖춘 여성이라고 나는 믿습니다.

나의 작은 성, 파리의 아파트에서 당신의 지지자
미셸 푸코가

푸코가 말하는
'인간의 죽음과 자유인'

푸코가 일생을 걸고 보여준 일관성이 있다면 그것은 '나는 누구이고, 어떻게 살아야 하는가?'라는 존재의 질문에 하나의 정답만을 제시해 왔던 기존의 철학적 관점에 거부하고 저항한 것이다.

플라톤으로 대변되는 서구의 철학사는 인간을 이성적 존재로 파악하고 이성을 통해 자신을 둘러싼 세계의 모습을 이해하고 보다 나은 삶을 살 수 있다고 생각했다. 하지만 푸코는 이성 중심의 인간을 유일한 정답이자 정상적인 삶으로 정해 놓고, 이 기준에서 조금이라도 벗어나는 삶의 방식은 가차 없이 비정상인으로 배제하는 사회의 보이지 않은 분리선의 부당함을 드러내고자 했다.

그러한 분리선이 역사적으로 어떻게 형성되고 유포되며 나아가 우리의 믿음과 가치관으로 드러나는지를 보여줌으로써 그가 말하고자 한 것은 바로 '인간의 죽음'이었다. 그가 주장하는 '인간의 죽음'이란 결코 인간 따위는 중요하지 않다거나 존재하지 않는다는 의미가 아니다. 우리가 고정된 방식으로 이해하는 이성적인 인간형이란 역사적으로 구성된 하나의 단편일 뿐이라는 것이다.

이러한 이해가 이루어지고 난 뒤 푸코의 사상은 중요한 전환점을 맞이한다. 이성적 인간을 인간의 본질로 보는 사고방식 역시 특정한 시대의 역사적 산물이라는 사실을 인정한다는 것은 이성적 사고가 언제나 정당하고 옳은 것이 아님을 인정하는 것과 같다. 따라서 이성적 인간의 삶은 절대 진리도, 유일한 정답도 아니다. 그러므로 자신의 삶이 비정상인으로 분류되어 억압받을 때 이를 당연하다고 여기며 비정상적인 자신을 경멸하거나 연민해서는 안 된다. 오히려 정상과 비정상으로 나뉘는 기준 방식에 대해 문제의식을 느끼고 자신이 가진 새로운 삶의 방식을 고민해야 한다.

예를 들어 단순히 동성애자라는 이유로, 유색인종이라는 이유로, 여성이라는 이유로 당연하게 받아들여 온 세상의 기준과 시선이 당신의 삶을 억압하고 그로 인해 불행을 느낄 때 그들이 해야 할 일은 정상 범위 밖에 있는 자신이 더 잘할 수 있는 일이 무엇인지 골똘히 생각하고 결연히 실천해야 한다는 것이다.

푸코는 이러한 문제의식과 실천의 결단을 '현재를 위반하는 자유의 가능성'이라고 보았다. 즉 이제 새롭게 창조되어야 할 실존의 방식은 특정한 시대에 통용되는 지식이나 도덕의 모습에 의존하기보다 더 중요한 기준을 염두에 두어야 한다는 것이다. 그것은 바로 자기 자신과 맺는 관계이다. 이를 푸코는 도덕과는 다른 의미에서 '윤리 ethics'라고 불렀으며 이러한 윤리적 역량을 가진 인간을 '자유인'이라고 칭했다.

푸코가 말하는 '자유'란 '역사적이고 상황적인 권력관계의 상호작용 속에서 결연히 실천할 수 있는 일종의 역량적 의미에서의 자유'를 말한다. 한 개인이 그를 둘러싼 사물과 타인과의 관계에서 다양한 처분과 결정을 내릴 수 있고, 스스로 자신의 경험을 구성할 가능성을 가졌으며 이를 스스로 변환시킬 수 있는 잠재력을 가졌다는 의미에서 이해되는 구체적인 자유이다.

철학의 역할이 우리가 이미 알고 있는 것을 정당화시키기 위함이 아니라 자신의 지금과 현재라는 문제를 비판적으로 분석하고 이를 토대로 새로운 행위의 가능성을 창조하기 위함이라는 그의 주장을 진지하게 경청한다면 비로소 푸코의 그 엄중한 조언이 다시 들릴 것이다.

인간의 죽음을 예고한 철학자, 미셸 푸코

"내가 누구인지 묻지 말 것이며, 내가 계속 같은 나이기를 요구하지 말라."

프랑스에서 태어난 미셸 푸코는 1948년까지 철학을, 1950년까지 심리학을 공부했다. 1952년에는 정신병리학 학위를 받았다. 그는 1960년대 이후 등장한 '주체'인가 '구조'인가로 대변되는 실존주의와 구조주의라는 사상적 대립 속에서 등장한 프랑스의 대표적인 현대 철학자이자 역사학자다. 1970년에 프랑스에서 가장 권위 있는 학자의 직책이라 불리는 프랑스 대학의 사상사 교수로 임용되었다. 그는 마치 신의 죽음을 말한 니체를 연상시키듯 "저 바닷가 모래톱에 그려진 얼굴이 파도에 휩쓸려 사라지듯이 저 인간 역시 역사 속에서 사라질 것이다"라고 인간의 죽음을 예고하며 화려하게 철학사에 등장한다.

대표적 저서로는 정신 의학의 비정상성을 다루는 《광기의 역사》가 있다. 바게트처럼 날개 돋친 듯 팔렸다는 《말과 사물》은 그를 프랑스의 사상가인 장 폴 사르트르Jean Paul Sartre 이후 가장 중요한 학자이자 프랑스를 대표하는 지성으로 만들어 주었다. 이 외에도 그가 생전에 진행한 수많은 인터뷰가 전해지고 있으며, 그의 강의록 역시 여전히 출간되고 있다.

이처럼 푸코는 다양한 주제를 다루는 방대한 저술을 남겼음에도 그의 문제의식과 사유의 경향은 매우 일관적이었다. 그는 엄밀한 방식의 철학적 사유를 지향하기보다는 문학과 역사적 자료를 철학적 맥락과 함께 겹쳐 놓음으로써 '지금, 여기, 나는 누구인가'라는 문제에 깊이 파고들었다. 1984년 에이즈로 세상을 떠나기까지 그가 보여준 구체적 지식인으로서의 다양한 실천과 권력관계의 정체성에 관한 그의 이론적 분석은 여전히 어떻게 세상을 이해하고 살아갈 것인가에 대한 풍부한 자원이 되고 있다.

20

임마누엘 칸트

Immanuel Kant

(1724 ~ 1804)

◆

독일의 철학자

◆

관련 도서

《순수이성비판 Kritik der reinen Vernunft》, 1781, 1787

《도덕형이상학 원론 Grundlegung zur Metaphysik der Sitten》, 1785

《실천이성비판 Kritik der praktischen Vernunft》, 1788

《판단력비판 Kritik der Urteilskraft》, 1790

딸과 함께하는 수험생활이 너무 힘들어요

세상에서 가장 유명한 원칙주의자 칸트 씨,

안녕하세요.

고등학교 3학년 딸을 둔 엄마이자 15년 넘게 직장생활을 하고 있는 워킹맘입니다. 수험생을 둔 엄마로 살아가는 것이 생각보다 너무 힘들고 지쳐 조금의 위로라도 얻을 수 있을까 하는 생각에 이렇게 편지를 보냅니다.

저는 오랜 시간 직장생활을 하면서 힘든 일도 많았지만 나름대로 최선을 다해 가족을 챙기고 아이들을 키웠다고 자부해 왔습니다. 그런데 큰아이가 고등학교 3학년에 올라가면서 그동안의 제 믿음이 잘못된 것이란 걸 깨닫고 있는 요즘입니다. 고3 수험생의 엄마는 그동안 제가 해왔던 평범한 엄마를 넘어서서 훨씬 많고 어려운 일을 해야 하더군요.

저의 일상은 정신없이 흘러갑니다. 우선 새벽 5시에 일어나 식구들이 먹을 아침은 물론, 딸아이의 도시락과 간식을 준비합니다. 학교에서 급식이 나온다고는 하지만 입에 맞지 않아 잘 못 먹는다고 하니 체력을 유지하기 위해서는 어쩔 수 없이 하루에 두 개씩 도시락을 챙겨줘야 하죠. 아이가 일찍 학교에 가고 나면 저도 서둘러 출근 준비를 합니다. 회사에서 일하는 틈틈이 아이가 공부는 잘하고 있는지 물어보고, 동네 수험생 엄마들과 요즘 잘 가르치는 학원 정보도 공유하기도 합니다. 모의고사나 학교 성적이 나오면 딸아이가 잘 못 하는 과목은 따로 학원을 알아봐야 하니 최신 수험정보를 놓쳐서는 안 되죠. 퇴근해서는 곧바로 아이를 학원에 데려다줍니다. 요즘에는 밤늦게 다니면 위험하니까 학원이 끝나면 다시 아이를 마중 나가야 하고요. 아이와 집에 돌아오면 어느 정도 일과가 끝납니다. 물론 시험 기간에는 늦게까지 공부하는 아이의 간식을 챙겨주고 건강관리도 철저히 해줘야 하지만요.

그래도 수험생 엄마의 역할이 이 정도뿐이면 힘들다고 느끼진 않을 겁니다. 몸이 피곤한 건 얼마든지 버틸 수 있어요. 그런데 극도로 예민해진 딸의 눈치를 봐야 하고, 수험생 뒷바라지하느라 이리저리 시간을 빼느라 회사에서도 너무 스트레스를 받습니다. 가끔은 너무 힘들어서 차라리 내가 수능시험을 치렀으면 좋겠다는 생각까지 할 정도입니다. 게다가 작은 아이도 곧 수험생이 된다고 생각하니 제가 과연 잘 버틸 수 있을지도 모르겠어요. 남편은 직업상 출장이 많은 편이라 도움을 기대하긴 어렵고요.

딸을 정말 사랑하고 아이의 미래를 위해 제가 더 많이 희생하고 노력해야 한다고 생각하지만 솔직히 요즘은 지친다는 생각밖에 들지 않아요. 제 마음이 조금이라도 편해질 방법은 없을까요?

| 철학자의 답장 |

아이가 스스로 일어서길 원한다면 먼저 손을 놓으시오

부모라는 굴레에 갇힌 그대여,

먼저 반갑소. 그대의 편지는 잘 읽었소.

부모라면 누구나 자식 문제만큼은 평생 약자의 입장에 설 수밖에 없을 것이오. 태어나자마자 서고 걸으면서 몇 개월 안에 어미의 품을 떠나 독립하는 짐승과 달리 우리 인간은 태어나 성인이 될 때까지 오랜 시간 부모의 보살핌을 받아야 하니 말이오. 그러니 부모들은 아이가 제 역할을 할 수 있도록 아이의 편에서 도움을 주어야 한다고 생각하는 것 같소.

하지만 그대의 편지를 읽고 보니 미래에는 자녀가 부모에게 의존하는 경향이 매우 심한 것 같아 걱정이 들었소. 내가 살던 18세기에는 10대가 되면 스스로 밥벌이를 시작했는데 그대가 살고 있는 시대에는 그 시기가 훨씬 늦어지는 것 같소. 듣기로는 고3이라고 하는 것은 어떤 직위가 아니라 대학교에 가기 위해서 공부하는 19세의 청년들을 지칭하는 것이라고 하던데. 어째서 그 공부를 도와주는 것이 부모의 몫인지 솔직히 이해가 가지 않소. 내가 그대에게 이렇게 답장을 쓰는 이유는 수험 준비 때문에 힘들어하는 부인의 인생뿐 아니라 그대 딸아이의 인생도 걱정돼서라오.

그대가 사는 시대에는 만 20세 이상이 성년이라고 들었소. 물론 그 미만은 미성년일 것이오. 사전은 성년은 법적인 권리를 행사할 수 있는 나이이고 미성년은 할 수 없는 나이라고 규정한다오. 하지만 이는 어디까지나 법적인 정의일 뿐 그 이상은 표현할 수 없는 기준이라 볼 수 있소. 나는 어느 잡지에 저술한 「'계몽이란 무엇인가?'라는 물음에 대한 대답」이라는 논문을 통해 '미성년'을 철학적으로 정의했소. 그 내용은 다음과 같소.

> 계몽은 인간이 스스로 초래한 미성년 상태에서 벗어나는 것이다. 미성년 상태는 다른 사람의 도움 없이는 자신의 이성을 사용하지 못하는 것을 말한다. 미성년 상태는 이성이 부족해서 생긴 것이 아니라, 다른 사람의 지도 없이 생각하려는 결단과 용기가 부족하기 때문에 생긴다. 따라서 과감히 알려고 하라! 너 자신의 이성을 사용하려는 용기를 가져라! 이것이 계몽의 표어이다.
>
> 「'계몽이란 무엇인가?'라는 물음에 대한 대답」

갓난아이나 식물인간이 아니라면 인간은 모두 생각을 할 줄 아오. 그러니까 미성년이라고 해도 생각할 줄 아는 능력, 곧 이성을 가지고 있다는 것이오. 그러나 생각을 할 줄 안다고 해서 이성을 사용할 줄 안다고 할 수 있는 것은 아니오. '스스로' 생각할 줄 알아야 비로소 자신의 이성을 사용할 줄 아는 어른이라고 할 수 있소. 따라서 나는 스무 살이 넘었다고 해서 모두 성인이라고 생각하지 않소. 법적으로는 성인이 되었을지 몰라도 혼자서 생각할 줄 모른다면 어른이라고 말할 수 없소. 반면에 아직 스무 살이 되지 않았더라도 스스로 생각할 줄 안다면 그 아이는 이미 어른이오.

솔직히 집안일을 대신 해주는 집사나 도우미가 있으면 편한 것처럼 미성년이기 때문에 부모에게 의지할 수 있다면 편할 것이오. 귀찮은 일들을 부모가 대신 맡아줄 테니. 마치 그대와 딸아이처럼 말이오. 하지만 부인의 희생과 노력이 그토록 사랑하는 딸을 게으르고 비겁하게 만들고 있다는 것을 알고 있소? 갓난아이를 생각해 보시오. 나는 평생 독신으로 살아서 아이를 키워 본 적이 없지만 주변에서 보면 스스로 걷지 않고 엄마에게 자꾸 안아 달라고 하는 아이들이 많소. 엄마에게 안겨 다니면 편하겠지만 평생 그렇게 살 수 있겠소? 엄마가 아이를 평생 품에 안고 산다면 아이는 결국 걷지도 못하게 될 것이오.

"아이가 걷기 위해서는 평균 이천 번을 넘어져야 비로소 걷는 법을 배울 수 있다"라는 말이 있소. 넘어지고 일어나는 연습을 하지 못하는 아이는 스스로 걸을 수 없다는 뜻이오. 이때 중요한 것은 아이가 혼자 걷다가 넘어지는 모습을 보더라도 부모는 절대로 겁을 내서는 안 된다는 사실이오. 부모가 놀란 모습을 본 아이는 어떤 시도도 못하게 되기 때문이오. 몇 번만 넘어지다 보면 넘어지는 요령을 배우고, 그러는 사이 걷는 법을 터득하게 될 수 있을 텐데 부모가 아이의 손을 놓지 못해 아이는 결단과 용기를 잃어버리고 만다오.

생각하는 것도 걷는 것과 같소. 남이 대신 생각해 주면 평생 스스로 생각할 수 없게 되는 것이오. 넘어지지 않고서는 걷을 수 없는 것처럼 혼자서 생각하는 훈련이 없이는 스스로 생각할 수 없는 것이지. 생각뿐 아니라 품성도 마찬가지요. 자신을 잘 다스릴 줄 아는 절제 있는 사람인지 방종한 사람인지, 온화한 사람인지 화를 잘 내는 사람인지를 판단하는 품성도 반복된 훈련에서 만들어진다오. 선배 철학자인 아리스토텔레스는 "덕은 습관의 산물"이라고 말했소. 반복 훈련을 통해 어떤 습관을 갖느냐에 따라 그 사람의 품성에 차이가 생긴다는 것이오. 결국 올바른 행동을 계속해서 반복하면 올바른 품성이 생기고, 용감한 행동을 반복하면 용감한 품성을 갖게 된다는 말이오.

부인은 내가 성년과 미성년의 철학적 의미에 관해 이야기하는 이유를 알 것이라고 믿소. 고3이면 법적으로는 미성년이겠지만 철학적으로는 성년인 사람도 있고 미성년인 사람도 있을 것이오. 부인의 딸이 스스로 생각할 줄 안다면 성년이고 그렇지 못하면 미성년이오. 중요한 것은 아직 완벽하게 스스로 생각할 줄 모르는 것이 아니라오. 적어도 그런 연습을 꾸준히 해야 하는 단계에 있다는 것이 중요하오. 공부란 어차피 걷기처럼 혼자 하는 것에 지나지 않소. 부인이 지금 아이를 도와줄수록 좀 더 훌륭한 대학에 갈 수 있을지는 몰라도 그 다음의 인생까지 도와줄 수는 없을 것이오. 그대가 사는 세상은 대학을 나와도 취직이 힘들다던데 대학에 들어가는 게 전부는 아니지 않소?

생각해 보시오. 아이의 직업을 대신해서 구해줄 것이오? 아니면 자식의 배우자를 골라줄 것이오? 자식의 저녁 식사를 매일 떠 먹여줄 것이오?

부인, 우리의 지난 인생을 한번 떠올려 보시오. 우리가 이렇게 살아오기까지 많은 좌절에 부딪히고 흔들려왔지만 무사히 이겨내고 이렇게 잘 살아가고 있지 않소? 부인의 딸 역시 마찬가지라오. 부인이 얼마나 성년으로서 믿어주느냐에 따라 딸의 성장이 판가름날 것이오. 당장 눈앞의 자식을 볼 것이 아니라 더 먼 인생을 보시오. 아이의 인생에 있어서만큼은 멀리 보는 눈을 가져야 하오. 자식의 걸음이 비틀거리고 위태로워 보이더라도 손을 잡아주는 대신 묵묵하게 등 뒤를 지켜주시오. 자식에게 도움보다는 결단과 용기를 심어주란 말이오. 지금 부인도 성년의 위치에서 냉철하게 결단을 내릴 시간이오. 마지막으로 내가 부인에게 해줄 수 있는 조언은 오직 하나뿐이오. 내게 이런 편지를 쓸 정도의 사랑이라면 그것만으로도 아이는 스스로 모든 일을 헤쳐 나갈 수 있을 거라는 것이오. 부인 스스로를 믿고, 아이를 믿으시오.

독일의 쾨니히스베르크에서 칸트가

칸트가 말하는 '계몽'

편지글에서 말한 것처럼 칸트는 1784년 12월 〈베를린 월보〉라는 잡지에 「'계몽이란 무엇인가?'라는 물음에 대한 대답」이라는 논문을 실었다. 이는 앞서 어느 개신교 목사가 교회를 거치지 않는 결혼 방식을 비판하면서 계몽이 무엇인지도 모르면서 그 말을 유행처럼 사용하고 있다는 한탄을 실은 논문에 칸트가 대답한 것이다.

계몽에 대한 칸트의 정의는 쉽게 말해 미성년 상태에서 벗어나는 것이다. 그리고 미성년 상태는 타인의 도움 없이는 자신의 이성을 스스로 사용하지 못하는 것이기도 하다. 다시 말해 다른 사람의 도움 없이 자신의 지성을 사용하는 능력을 습득하고 실행해 나가는 과정을 계몽이라고 여겼다. 만일 국가나 교회, 학교, 언론 등이 가르치는 일체의 견해를 무조건 따른다면 미성년 상태에서 벗어나지 못한 것이며 계몽적이라고 할 수 없다. 이는 부모의 말을 아무 생각 없이 믿고 따르는 어린 자식과 같은 위치에서 벗어나지 못한 것과 같으므로 미성숙 상태라고 풀이할 수 있다.

칸트는 우리가 미성숙 상태에서 벗어나지 못하는 이유는 다른 사람의 도움에 의지하려는 비겁함과 스스로 생각하려는 용기가 부족하기 때문이라고 말한다. 남이 만들어놓은 생각을 그대로 따르는 것이 편하기 때문에 미성숙 상태에 머무르고자 한다는 것이다. 또한 스스로 생각해 결정한 이성이 잘못된 판단일지도 모른다는 조바심에 지레 겁을 먹는 바람에 계몽이 되지 못하는 것이기도 하다. 칸트는 타인의 생각에 의지하지 않고 스스로 자신의 지성을 사용하는 것은 생각보다 위험한 일이 아니므로 계속해서 용기를 내야 한다고 말한다.

근대 철학을 종합한 철학자, 칸트

"우리의 모든 인식은 감관에서 시작해서, 거기에서부터 지성으로 나아가고, 이성에서 끝이 나는데, 직관의 재료를 가공하여 사고의 최고 통일로 보내는 일을 하는 것으로 우리 안에서 마주치는 것에 이성 이상의 것은 없다."

칸트는 지금은 러시아 땅이 되었지만 당시에는 독일 땅이었던 쾨

니히스베르크에서 태어나 평생 그 도시를 떠나지 않고 산 철학자다. 동시에 규칙적이고 틀에 짜인 생활을 고집한 원칙주의자이기도 했다. 예외 없이 매일 같은 시각에 같은 길을 따라 산책을 하는 그의 습관 때문에 동네 사람들은 그가 산책하는 모습을 보면 몇 시인지 알았다는 일화로도 유명하다.

칸트는 당시 서양 근세에서 대립했던 영국의 경험론과 대륙의 이성론을 종합해 집대성한 비판 철학으로 철학사에서 독보적인 존재감을 드러낸다. 《순수이성비판》, 《실천이성비판》, 《판단력비판》 등 그의 저서는 경험론과 이성론의 한계를 극복하고 새로운 해결책을 제시한다.

21

왕필

王弼

(226 ~ 249)

◆

중국 위나라의 학자, 사상가

◆

관련 도서

《노자주 老子註》, 243

《주역주 周易註》, 249

저는 고민 없는 삶이 고민이에요

절대적이지 않은, 상대적인 왕필 씨에게,

안녕하세요.

스무 살이 된 대학생입니다. 아직 입학 전이지만 같은 과에 합격한 친구들끼리 모여 SNS를 하다가 모임까지 만들어 자주 만나고 있어요. 나이도 비슷하고 같은 학과를 선택해서인지 통하는 부분이 많달까…. 최근에는 종종 술을 마시면서 고민 상담도 하고 꿈 이야기도 나누곤 해요.

그런데 그럴 때마다 저는 입을 꾹 다물 수밖에 없어 답답합니다. 사실 전 다른 친구들과 달리 특별한 고민이 없어요. 살아오면서 힘들거나 걱정할 만한 일이 없었거든요. 저와 비슷하다고 생각했던 친구들이 나름대로 심각한 고민을 털어놓는 모습을 보고 적잖이 놀랐어요. 친구들이 저에게 뭐가 제일 걱정인지 물어보는데 진짜로 털어놓을 만한 비밀이나 고민이 없어 아무 말도 못 했어요. 그러다 보니 몇몇 친구들은 저에게 "속을 모르겠다", "너는 너무 자신을 숨긴다"는 둥 서운함을 표시하면서 거리를 두기도 합니다.

답답한 건 저도 마찬가지예요. 억지로 고민이나 비밀을 만들어낼 수도 없고…. 그렇다고 계속 입 꾹 다물고 있을 수도 없으니…. 이쯤 되니 진짜 고민이 없는 것도 고민이네요. 왕필 씨, 명쾌한 조언을 부탁드려요! 어떻게 해야 고민 없는 제 고민이 해결될까요?

| 철학자의 답장 |

자네는 감정에 지배당하는가, 감정을 주도하는가

고민이 없는 이유를 알고 싶은 젊은이여,

허허허. 먼 미래의 젊은이들은 별걸 다 고민이라고 묻는구먼.

솔직히 처음 자네의 편지를 읽었을 때는 고민 없는 삶이 부럽기 그지없었다네. 그러나 곧 생각을 고쳐먹었지. 수천 년을 거슬러 나에게 편지를 쓸 정도라면 오죽 답답한 마음에 그랬을까 하는 마음이 들었다네.

주변의 친구들은 모두 각자의 고민을 가지고 있는데 나만 아무 고민이 없다니. 무언가 잘못된 것 같기도 하고 나에게 문제가 있는 건 아닌가 싶기도 했을 걸세. 그러나 그런 생각은 할 필요가 없다네. 아마도 자네가 고민이 없는 것은 '무無'를 체득한 것과 통하는 삶을 살고 있기 때문일 걸세.

'무'를 체득한 삶이 궁금하다고? 쉽게 설명해 주지.

내가 어렸을 때의 일이라네. 당시 나는 조정의 인사 책임자인 하안何晏이라는 사람을 만난 적이 있다네. 당시 권세를 손에 쥔 그가 나를 특별하게 생각한 것인지 뜬금없이 이렇게 물었다네.

"나는 성인聖人에게는 기뻐하고, 분노하고, 슬퍼하고, 즐거워하는 등의 인간적인 감정도 없다고 생각하네. 왕필 자네는 어떻게 생각하는가?"

나는 거침없이 평소에 생각하던 바를 이야기했지.

"성인이신 공자는 인간적인 감정을 느끼지 못하는 게 아닐 것입니다. 오히려 성인 또한 평범한 인간과 마찬가지로 기쁨과 슬픔, 분노와 즐거움을 모두 느끼는 사람이었을 것입니다. 다만 공자는 그러한 감정에 사로잡혀 감정의 노예가 되지 않았을 뿐입니다. 그러니 마치 감정이 없는 것처럼 보였을 뿐입니다."

나는 이 일로 아주 유명한 사람이 되었지. 사실 그때까지 권위 높은 하안의 말에 반기를 들었다가 화라도 입지 않을까 하는 마음에 모두가 그의 말에 무조건 수긍했었네. 그런데 나는 하안의 주장에 반박하며 그 이유를 설명했고 하안은 순순히 자신의 이론을 물리고 내 생각을 인정해 주었지. 아마도 자네는 지금 내 이야기가 대체 자네의 고민과 무슨 연관이 있는 걸까 하고 의아하게 생각할 걸세. 지금부터 찬찬히 설명할 테니 가만히 들어보게.

자, 이 세상을 살아가는 사람에게 어찌 고민이 없을 수 있겠는가? 모든 사람에게는 저마다 나름대로 고민이 있기 마련이라네. 다만 중요한 것은 그 고민에 사로잡혀 사는 사람과 사로잡히지 않고 살아가는 사람이 있다는 차이가 존재한다는 것이지.

사람은 생각하며 살아가는 존재이지. 누구도 이 말에 반박하지 않을 걸세. 하지만 무언가를 골똘히 생각한다는 것은 사실 걱정거리가 있다는 말과 다를 바가 없다네. 그래서 중국의 전통 의학인 한의학漢醫學에서는 '생각한다'는 뜻을 가진 글자 '사思'를 걱정한다는 뜻으로 풀이한다네. 그리고 그 걱정이 병으로 이어진다고 보는 것이지.

한번 예를 들어보겠네. 내가 나라를 다스리는 왕이라고 가정해 보세. 왕에게는 어떤 고민거리가 있겠나? 가뭄이 들어 농작물이 자라지 않거나, 반대로 홍수가 나서 농작물이 모두 쓸려 내려가 굶주려 죽는 상황이 벌어진다면 왕으로서 큰 고민이 되지 않을 수 없을 것이네. 말하자면 고민이 있다는 것은 곧 내가 처한 상황이 좋지 않다는 것을 뜻한다네.

그럼 거꾸로 생각해 보세. 내가 왕인데 도무지 고민거리가 전혀 없다네. 이게 무엇을 뜻하는지 알겠는가? 아마도 나라에 특별한 재난이나 사건이 벌어지지 않고 나라의 정치도 안정적이라 신경 쓸 일이 없다는 뜻이 아닐까? 그러니 고민이 없다는 것은 개인적으로 행복하고 사회적으로도 평안하다는 징표가 되는 셈이지.

물론 자네의 처지가 부유하다거나 여유롭지 않을 수도 있겠지. 그럼에도 고민이 없다는 건 정말 큰 행운일세! 자네는 주변의 많은 사람들이 가진 문제가 고민한다고 해결될 것이 아니라는 걸 알고 있지 않은가? 그럼에도 사람들은 고민을 잊고 싶다며 술을 마시고, 소리를 지르거나 물건을 부수며 감정을 폭발시키지. 혹시 자네가 이렇게 돈도 안 되고 약도 안 되는 삶에 아무런 도움도 되지 않는 고민을 갖고 싶은 이유가 단순히 친구들과의 관계 때문인가?

자네보다 인생을 먼저 살아본 선배의 경험에서 이야기하자면 인생을 나눌 진정한 벗이 꼭 고민을 나눠야만 생기는 것은 아니더군. 하지만 친구들과 고민을 공유하고 싶다면 이렇게 해보는 건 어떻겠는가?

자네가 친구들에게 성인聖人이 되어주는 것이네.

아니 어찌 자네가 공자孔子나 맹자孟子와 같은 성인이 될 수 있느냐고? 사실 성인은 천재도, 특별한 능력을 갖춘 위인도 아니라네. 매우 평범한 사람이지. 그저 커다란 귀로 다른 사람이 말하는 고민을 들어주는 사람이란 뜻이라네. 그래서 '성聖'이라는 한자에는 '귀(耳)' 옆에 '입(口)'이 있는 것이지.

다른 사람의 고민을 잘 들어준다는 것. 분명 쉽지 않은 일이라네. 하지만 나는 걱정하지 않는다네. 자네는 별다른 수련 없이도 감정에 얽매이지 않아 고민이 없는 사람이 아닌가. 그런 자네야말로 커다란 귀로 친구들의 고민을 들어줄 수 있는 성인의 태생인 것이네.

없는 고민을 사서 만들 시간에 오히려 친구들의 고민을 진심으로 잘 들어준다면 그 또한 벗과 함께 정을 나누는 길이 아니겠는가? 그러니 고민이 없음을 고민하지 말고 감사하게 여기며 그 재능과 행운을 친구들과 함께 나누길 바라네.

산양현에서, 그대가 성인이 되길 응원하는 왕필이

왕필이 말하는 '인간의 감정'

아름다움과 추함이란 사람이 기뻐하는 것과 화내는 것과 같고, 좋은 것과 좋지 않은 것이란 옳고 그름과 같다. 즉 인간이 느끼는 기쁨과 분노는 뿌리가 같고, 옳고 그름이라는 것 또한 생겨나오는 곳이 동일하다. 그것은 바로 인간의 마음이다.

《노자 도덕경과 왕필의 주》

왕필은 인간은 누구나 희로애락喜怒哀樂이라는 감정을 느끼고 표현하는 능력을 갖추고 태어나는 존재이며, 그러한 감정을 표출하는 것은 자연스러운 이치라고 이해했다. 다만 그것을 어떻게 다루는가에 따라 성인과 보통 사람으로 나뉜다고 보았다. 감정에 지배당하는 자가 보통 사람이라면 감정을 주도하는 자는 성인聖人이라는 것이다.

따라서 공자가 기쁨과 슬픔을 표현한다는 이유로 그를 낮게 평가할 것이 아니라, 감정이 인간의 본성에 속하는 것이고 성인인 공자도 인간이므로 당연한 것이라 받아들였다. 다만 성인은 감정에 휘둘리지 않는다는 점에서 평범한 사람과 다르다고 구분했다. 왕필은 성인이 감정에 얽매이지 않는 것을 '감정을 이치에 부합하게 표현하는 것以情從理' 또는 '감정을 본성화하는 것性其情'이라 말했다. 이는 인간의 본성은 선과 악을 초월하지만 감정은 욕심으로 인해 흔들릴 수 있으므로 감정을 잘 조절해야 한다는 의미다. 그리고 이 감정이 본성에 가깝게 유지된다면 그것에 얽매이지 않을 것이라 생각했다.

결국 우리가 사회적으로 올바른 가치와 규범으로 여기는 것들도 이러한 인간의 마음이 느끼는 감정의 형태가 수많은 세월을 거치며 이루어진 것이다. 인간이 어떤 것을 좋아하고 싫어하는 것은 개인적이고 주관적인 현상이 아니라, 오늘날의 말로 표현하자면 오랜 진화와 경험의 산물인 셈이다. 왕필은 이런 인간의 심리적 특성 가운데 부모와 자식 사이의 사랑의 감정慈孝을 확장하면 사회의 조화를 이루는 포괄적인 사랑仁의 철학으로 이어질 수 있다고 주장했다.

인간의 마음을 통찰한 사상가, 왕필

"기쁨, 두려움, 슬픔, 즐거움이라는 감정표현은 백성의 자연스러운 현상이다. 그러니 만나면 즐겁지 아니할 수 없고, 잃으면 슬프지 아니할 수 없다."

왕필
王弼

조조와 유비로 유명한 소설《삼국지》시대에 태어난 왕필은 24세의 젊은 나이로 세상을 떠난 천재로 불리는 사상가다. 그는 이미 10대 후반에《노자》에 관한 유명한 주석서를 집필했고, 스무 살 즈음에는《주역》에 주석을 더해 해석의 방향을 바꾸기도 했다. 그리고 전염병으로 요절하기 직전까지《논어》에 주석을 더한 것으로 알려졌으나 이 책은 전해지지 않고 일부만 남아 있다.

왕필은 한나라 때의 형식적이고 비합리적인 세계관을 비판하면서 인간의 마음은 실로 놀라운 능력을 가졌다고 주장하며, 이를 바탕으로 합리적이고 도덕적인 세계를 꿈꿨다. 특히 인간의 마음이 발휘하는 감정의 능력은 인간 사회의 조화를 이룰 수 있는 중요한 동력이라 주장했다.

22

소크라테스

Socrates

(BC 470 ~ BC 399)

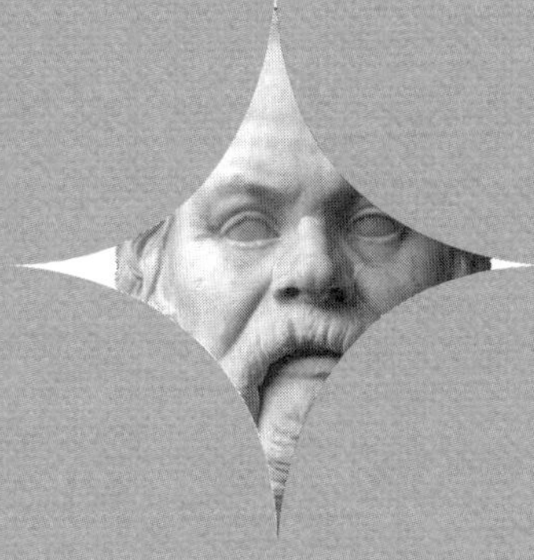

◆

고대 그리스의 철학자

◆

관련 도서

플라톤 Platon, 《소크라테스의 변명》

크세노폰 Xenophon, 《소크라테스 회상》

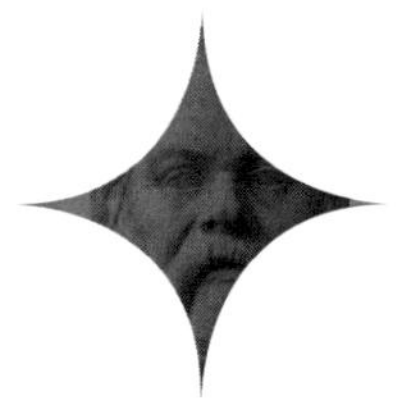

돈 때문에 평생 지켜온 신념이 흔들려요

진리를 위해 목숨까지 바쳤던 소크라테스 씨,

안녕하세요.

40대의 평범한 중년입니다. 요즘 고민 때문에 잠을 설치다가 이렇게 편지를 보냅니다.

저는 몇 년 전에 회사를 그만두고 자영업을 시작했습니다. 회사에서 컴퓨터 앞에만 앉아 있다가 직접 장사를 하려니 정말 별의별 일을 다 겪게 되더군요. 주변 경쟁 업체에서 모함을 해서 경찰이 오기도 하고, 믿고 납품을 맡겼던 업체가 돈만 받고 도망가서 자금을 엄청 날리기도 하구요. 어쨌든 이렇게 저렇게 고생하면서 점차 자리를 잡은 지 좀 되었습니다. 그런데 요즘 매출이 조금씩 늘면서 세금 문제 때문에 고민이 많습니다.

그동안 정직하게 매출과 비용을 신고해서 세금을 내고 있었는데, 얼마 전에 주변 가게 사장들과 얘기를 하다 보니 그렇게 제대로 신고하는 사람은 저밖에 없더군요. 제 이야기를 들은 사람들은 오히려 절 이상한 사람처럼 보기도 했습니다. 하지만 전 지금까지 하늘을 우러러 한 점의 부끄럼도 없이 살아온 걸 자랑스럽게 생각해 왔습니다. 그래서 늘 자식들에게도 그렇게 가르쳤고요. 하지만 요즘 장사하고 남는 돈은 얼마 안 되고 나갈 돈은 점점 많아지니까 점점 탈세의 유혹에 흔들리게 되더라고요. 매출이 늘어서 내야 할 세금도 그만큼 많아지는데 왜 이익은 줄어드는지….

세금을 덜 낸다고 해서 남한테 피해를 주는 것도 아니고, 다른 사람들은 탈세를 해도 아무 문제 없이 잘만 사는 걸 보니 마음이 흔들리더군. 조금 더 솔직하게 말하면 나만 바보같이 정직하게 살아와서 지금 이렇게 팍팍하게 살고 있는 건 아닌가 하는 생각까지 들었어요. 세금 조금 덜 낸다고 그렇게 나쁜 사람은 아니지 않나 하는 생각도 종종 하고요. 능력도 없으면서 곧게만 사는 것보다 어느 정도 타협하면서 사는 게 어쩌면 더 현명한 방법이 아닌가 싶습니다.

하지만 지금까지 지켜온 신념을 깨버리기도 쉽지만은 않더군요. 그럼에도 생각지 못한 비용을 지출해야 할 때면 어김없이 이번에는 조금이라도 탈세를 해볼까 하는 생각이 슬금슬금 기어 나옵니다. 아이들 학비에 직원들 월급이며 생활비까지 모두 오르기만 하는데 이익은 따라가 주질 못하니 더 초조한 것 같기도 합니다. 이제 곧 세금 신고를 해야 할 시기가 오는데 대체 저는 어떻게 해야 할까요?

| 철학자의 답장 |

지혜에 따르는 고통은 얼마든지 견딜 가치가 있지 않은가!

흔들림의 중심에서 방황하는 그대여,

나는 아테네 법정에서 사형선고를 받은 몸이라네. 그리고 얼마든지 탈옥할 수 있었지만 내가 믿는 것을 지키기 위해 기꺼이 독배를 마시고 죽음을 선택했지. 내가 어떤 죄로 사형선고를 받았는지, 내가 죽음보다 지키고 싶었던 믿음이 무엇인지 궁금하지 않은가?

아테네 기득권층들이 한 젊은이를 내세워 나를 고발한 이유는 내가 그들이 지배하고자 하는 사회에서 등에와 같은 존재였기 때문이었지. 등에라고 혹시 아나? 동물의 피를 빨아먹고 사는 일종의 파리라네. 커다란 소나 말은 게을러지기가 쉬운데 이놈의 등에가 따끔하게 쏘면 부지런히 몸을 움직이지. 나는 바로 그런 등에처럼 타성에 젖어 있고 기득권에 안주하는 사람들을 끊임없이 질타하고 자극했어. 그러니 그들이 나를 눈엣가시처럼 여기는 것은 당연한 일이었지. 따뜻한 햇볕을 쬐면서 달콤하게 졸고 있는데 자꾸만 따끔하게 물어서 성가시게 구는 등에처럼 말일세.

그대가 쓴 편지를 읽으며 그대가 마치 나와 같다고 느꼈다네. 탈세도 하나의 장사수완이라며 당연한 상식처럼 받아들이는 사람들에게 정직해야 한다며 반기를 든 그대가 동료 상인들에게 이상한 눈초리를 받고 있으니 말일세. 어느 사회나 집단이든 구성원들이 당연하게 받아들이는 상식이나 관행이라는 것이 있지. 사람들은 이 상식이나 관행이 정말로 옳은 것인지 대체로 의심하지 않지. 생각하려니 귀찮고 오랫동안 믿어왔으니 어련히 옳지 않겠느냐고 생각하기 때문이지. 게다가 그것이 옳지 않다는 걸 확인하면 그동안 자신의 행동이 그릇된 것임을 인정해야 하니 아마도 마음속으로는 반드시 옳게 만들어야 한다고 여기고 있을 걸세. 이 상식을 믿지 않거나 반발하는 사람이 나타나면 자신들이 가지고 있는 것을 버려야 할까 봐 불안함을 느끼지. 그래서 전체를 바꾸는 것보다 자신들과 다른 한 사람만

따돌리는 것이네.

나는 유혹에 흔들린다는 그대가 두 가지를 생각해 보길 권하네. 첫째는 상식이나 관행이라고 생각되는 것들이 과연 옳은 것인지 판단하는 것이지. 이런 반성은 상식에만 적용되는 것이 아니라 그대가 '한 점 부끄럼 없이' 믿고 있는 것에도 똑같이 적용되어야 하네. 자기가 믿는 것이 정말로 옳은지 반성해 보는 것이 우선이야.

그러기 위해서는 쑥스럽지만 후대의 사람들이 내 이름을 따서 만든 '소크라테스식 대화법'을 적용하면 쉽다네. 사람들이 당연하다고 믿고 있는 상식이 하나 있다고 해보지. 그 상식이 언제 어디서나 적용되는지, 다시 말해서 예외가 있는 것은 아닌지 질문해 보게. 만약 예외가 있다면 그것은 '한갓 의견'에 불과하고 '참된 지식'은 되지 못하네. 참된 지식이라면 언제 어디서나 성립해야 하므로 예외가 있어서는 안 되니까 말일세. 예외가 없는 참된 지식에 도달할 때까지 그런 질문을 반복적으로 던져보게.

내가 그리스의 장군인 라케스Laches와 주고받았던 대화를 예로 들어 볼까? 라케스와 나는 '용기란 무엇인가?'에 관해 토론을 했네. 라케스는 먼저 전쟁에서 물러서지 않는 것이 용기라고 말했지. 그래서 나는 전략적으로 후퇴하고 결국에는 승리하는 군대도 많다고 대답했네. 그러자 라케스는 용기는 인내라고 말했네. 하지만 인내에도 어리석은 인내가 있고 지혜로운 인내가 있으므로 라케스의 그런 정의는 옳지 않다는 것을 쉽게 알 수 있지.

이런 식으로 당연히 옳다고 생각했지만 반례에 부딪히는 상식은 한갓 의견에 불과한 걸세. 참된 지식은 아니라는 뜻이지. 그럼 성공에 관해서도 소크라테스식 대화법을 똑같이 적용해 보겠나? 그대의 주변 상인들과 이야기해 볼 수도 있고 자문자답해 볼 수도 있겠지. 성공은 현실과 적당히 타협하는 것이라는 의견에 반례는 없는지, 적당히 타협해 가며 장사한다고 해도 성공하지 않는 경우가 있지 않는지 묻는 걸세. 비록 소수만 가지고 있는 생각이어도 결국에는 옳은 것으로 증명된 사례가 역사에는 얼마나 많은지 잘 알 걸세.

이제 그대가 믿고 있는 것이 비록 상식과는 다르더라도 참된 지식으로 드러났다고 해보세. 그래도 그대의 고민이 해결되는 것은 아닐 것이네. 그대가 걱정하듯이 주변 사람들로부터 이상한 사람 취급을 받거나 놀림 받는 것은 견디기 힘든 일이니까 말이야. 그래서 그대에게 권하는 두 번째 것을 말하겠네.

그대는 지금 많은 사람들이 믿고 있는 것과 다른 것을 믿고 있어 괴로운 상황이지. 하지만 대세를 따른다고 해서 그대의 마음이 편해질지 생각해 보게. 겉으로는 주변 사람들의 구설에 오르지 않으니 홀가분하다는 생각이 들겠지만, 그대의 내면에서 들리는 목소리는 여전히 그대를 괴롭힐 걸세. 왜냐하면 그대는 이미 자신이 가지고 있는 신념이 참된 지식이며 옳다는 결론에 이르렀기 때문이지. 물론 사람들 중에는 양심에 전혀 거리낌이 없는 쓰레기보다 못한 부류도 있네. 그러나 한 점 부끄럼 없이 살아온 것을 자랑스럽게 생각했던 당신은 대세를 따르고 나면 항상 그 부끄러움에 더 괴로울 것이네.

나를 고발한 아테네 시민들도 그런 사람들이었지. 내가 처형당한 후 절망감에 괴로워하다 자살한 사람도 있다고 하니까 말일세. 이왕 그렇게 결정했으면 잘 살 것이지…. 이것 보게. 대세를 따라도 괴롭고 지혜를 따라도 괴롭다면 지혜를 따르는 것이 낫지 않은가? 지혜에 따르는 고통은 적어도 견딜 가치라도 있으니 말일세.

마지막으로 그대가 조심할 것이 하나 있네. 그대가 믿고 있는 생각이 무조건 참된 지식이라고 고집하지 않는 것일세. 그대의 믿음도 똑같이 소크라테스식 대화법으로 검증해 봐야 하네. 많은 사람의 생각보다 나 혼자의 생각이 틀리기가 더 쉬운 법이니까. 상식이든 그대의 생각이든 한순간의 기분이나 감각에 따라 변덕스럽게 판단하지 말고 이성에 따라 무엇이 옳은지 끊임없이 물어보게. 스스로 귀찮은 등에가 되라는 말일세. 그렇게 된다면 삶의 그 어떤 유혹에도 흔들리지 않는 견고한 인생을 살 수 있을 걸세.

명심하게. 누구나 흔들릴 수 있네. 그러나 누구나 그걸 바로잡을 수 있는 건 아니라네. 그러니 의문이 들 때마다 참된 지식에 도달할 때까지 묻고 또 묻는 노력을 게을리하지 말게. 나는 자네의 편지에서 자네에겐 진정한 지식을 찾을 수 있는 바른 생각과 의지가 가득하다는 걸 느꼈네. 부디 그대가 지혜를 발견하길 바라네.

아테네의 아고라에서, 소크라테스가

진리를 찾는 '소크라테스식 대화법'

소크라테스식 대화법은 대화를 통해서 상대방이 참된 지식을 깨닫도록 도와주는 방법을 말한다. 이 방식은 계속해서 꼬리에 꼬리를 무는 질문을 던지고, 그에 관해 대답해 나가면서 일정한 답을 찾아 나가는 방식이다. 상대방에게 지식을 직접 알려주는 것이 아니라 그런 지식을 깨닫도록 돕는 소크라테스만의 독특한 방식이다. 마치 산모가 아이를 잘 낳을 수 있도록 돕는 산파처럼 소크라테스 역시 끊임없는 질문을 던져 답변자가 자신의 무지를 자각하고 진정한 깨달음을 얻을 수 있도록 도와주기 때문에 '산파술'이라고도 부른다. 이는 소크라테스의 어머니가 산파였던 사실과도 관련이 있다.

소크라테스의 제자였던 플라톤이 남긴 대화편을 보면 소크라테스는 용기, 경건, 덕 등을 알고 있다고 생각하는 당시 사람들과 대화를 진행했다. 그 과정에서 사람들이 아는 것이 사실은 모순된 것이며 반례를 낳는다는 것을 지적했다. 그들이 아는 것은 참된 지식이 아니며 그들은 사실은 모르고 있다는 것을 일깨운다. 계속해서 질문과 반박을 받으며 사람들은 자신의 무지를 깨닫고, 덕분에 스스로의 지식을 체계적으로 정리하고 보완하며 새로운 깨달음을 얻는 것이다.

이런 점에서 소크라테스식 대화법은 '논박술'이라고도 부른다. 그는 이런 대화를 통해 한갓 의견doxa과 참된 지식episteme을 구분한다.

질문을 통해 진리에 다가간 철학자, 소크라테스

"이 사람보다는 내가 더 지혜롭다. 왜냐하면 우리 둘 다 아름답고 훌륭한 것을 전혀 알지 못하는 것 같은데, 이 사람은 어떤 것을 알지 못하면서도 안다고 생각하는 반면에 나는 내가 실제로 알지 못하니까 바로 그렇게 알지 못한다고 생각도 하기 때문이다. 어쨌든 나는 적어도 이 사람보다는 바로 이 점에서 조금은 더 지혜로운 것 같다. 나는 내가 알지 못하는 것들을 알지 못한다고 생각도 한다는 점에서 말이다."

소크라테스는 기원전 469년 아테네에서 태어났다. 그의 아버지는 조각가였고 어머니는 산파였다고 알려져 있다. 평생 아고라agora(아테네의 광장 또는 시장)에서 대가를 받지 않고 젊은이들에게 철학을 가르치며 살았다. 덕분에 아테네가 최고의 전성기를 누리던 시절에 빈틈없는 질문과 예리한 논증으로 철학사에 길이 남을 사상가가 되었다.

그의 아내 크산티페Xanthippe는 역사에서 악처의 대명사로 알려져 있는데 이는 생계도 돌보지 않은 소크라테스의 탓도 크다. 그는 평생 한 권의 책도 남기지 않았으나 제자인 플라톤이 소크라테스가 제자들과 나눈 대화를 여러 권의 책으로 엮은 '대화편'으로 그의 철학이 전해졌다. 그중에서도 재판정에서 시민재판관 앞에 선 소크라테스가 죽음을 마다하지 않고 투쟁적으로 자신의 소신을 피력한 최후의 변론을 기록한 《소크라테스의 변명》이 널리 알려졌다. 이 책은 플라톤의 대화편 가운데 가장 흥미로울 뿐 아니라 법조인의 필독서로 자리 잡았다.

"너 자신을 알라"라는 말은 흔히 소크라테스가 남긴 말로 알려져 있지만 사실은 당시 그리스의 신전에 새겨진 말이다. "악법도 법이다"라는 말 역시 소크라테스는 남기지 않았다. 사실은 고대 로마에 전해져 내려오는 격언이다. 소크라테스는 기원전 399년에 아테네의 젊은이들을 타락시킨다는 등의 죄목으로 독배를 마시라는 선고를 받았으며 자신의 믿음을 지키기 위해 스스로 독배를 마시고 죽음을 택했다.

23

순자

荀子

(BC 298 ~ BC 238년경)

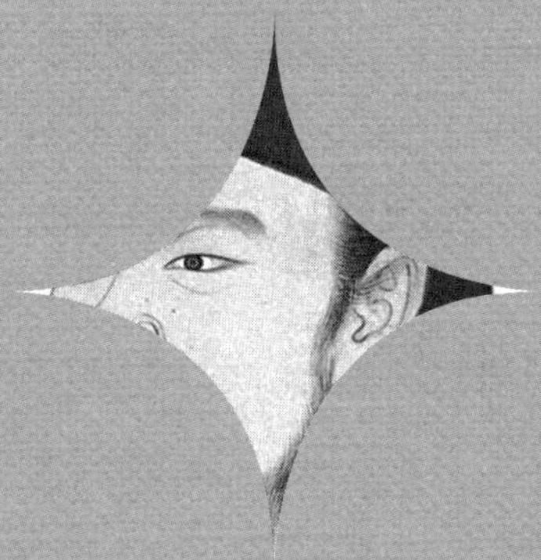

◆

중국 전국시대의 사상가

◆

관련 도서

《순자 荀子》

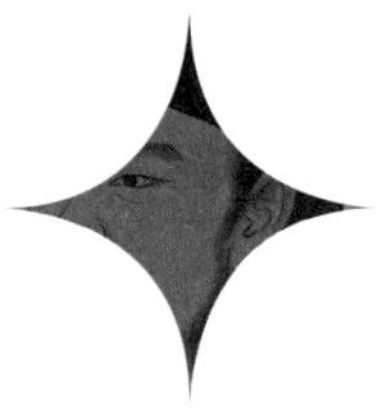

강아지를 키우고 싶은데 자신이 없어요

인간의 악한 본성을 다스리고자 했던 순자 씨,

안녕하세요.

맞벌이를 하는 부부입니다. 남편과 함께 아무리 상의해도 결론이 나지 않는 고민이 있어 이렇게 편지를 씁니다.

요즘 저는 강아지를 키우고 싶다는 마음이 커졌습니다. 아무래도 결혼하기 전까지 오랫동안 강아지를 키웠기 때문이 아닐까 싶은데요. 집에 들어왔을 때 꼬리를 흔들며 반갑게 맞아주는 강아지가 문득문득 그립습니다. 하지만 강아지도 엄연한 생명인데 키우고 싶다는 마음만으로 무작정 데려올 수는 없어 저희 부부는 좀처럼 결정을 내리지 못하고 있습니다.

결혼하기 전에는 부모님, 동생과 함께 지냈기 때문에 강아지를 돌봐줄 사람이 많았습니다. 하지만 지금은 남편과 단둘이 살고 맞벌이를 하다 보니 강아지를 데려오면 아침부터 저녁까지 하루 종일 집에서 혼자 기다리고 있어야 하는 상황입니다. 그 생각만 하면 마음이 짠해 키우기 망설여집니다. 게다가 삼시 세끼는 기본이고 목욕부터 대소변, 털갈이까지 신경 써야 할 것도 많은데 과연 우리 부부가 끝까지 잘 책임질 수 있을지에 대한 자신도 없습니다.

TV나 영화에서 강아지와 산책하는 장면을 보면 정말 부럽고 키우고 싶은 마음이 굴뚝같은데, 충동적으로 강아지를 데려오기에는 우리가 아직은 부족하다는 생각도 못지않게 큽니다. 그렇지 않아도 요즘 강아지가 귀여워 무작정 데려왔다가 키우다 보니 버거워서 버려지는 유기견이 많다고 하는데 절대 그런 일은 만들어서는 안 된다고 생각합니다.

강아지도 행복하고 저희 부부도 끝까지 책임질 수 있는 방법이 있을까요? 생명을 받아들이는 일이다 보니 정말로 신중하게 고민해 확실한 자신감이 생겼을 때 키워야 할 것 같습니다. 철학자님의 생각을 들려주세요.

| 철학자의 답장 |

사람은 사람대로, 동물은 동물대로

제대로 동물을 키우고 싶다는 그대에게,

허허허, 가축에 지나지 않는 강아지에게 목욕도 시켜주고 대소변도 살펴준다니 내게는 무척 낯선 고민이구만. 그런데 고민을 읽어보니 동물이 아니라 사람을 키우는 것과 다를 바가 없어 보이는군. 게다가 강아지가 하루 종일 집에 혼자 있을 것까지 걱정한다니. 자네가 키우는 강아지는 웬만한 사람보다 더 팔자가 좋은 것 같기도 하네. 솔직히 말해서 내가 모시는 군주가 그런 고민을 한다면 그 정성으로 백성을 돌보라고 말해 주었을 것이네.

하지만 자네가 살고 있는 세상에서는 그것이 당연한 일일 테니 그러한 내용은 내버려 두고 다른 차원에서 이야기해 보겠네. 아무리 동물을 아끼고 사랑하는 마음이 크다고 해도 자네의 고민에는 몇 가지 문제가 있다네. 그것은 바로 '사람은 사람대로, 자연은 자연대로'라고 말할 수 있는 '천인분이天人分二'의 사상이네. 내가 지은 책 《순자》에서 자세하게 말했지만 자네를 위해 조금 더 쉽게 들려주겠네.

내가 살던 시대는 우리를 둘러싼 자연의 세계를 '하늘(天)'이라고 불렀네. 하늘에 떠 있는 해와 달과 별, 사계절의 변화, 더위와 추위 등 모든 것을 '하늘'의 현상으로 이해했지. 이 하늘에 대해 사람들은 우리에게 이렇게 살아라, 저렇게 살아라 하고 명령하는 존재로 생각하고 믿기도 했다네. 심지어 하늘에 계신 조상이 여전히 하늘에서 살아가면서 자손을 돌보는 것이라고도 생각했다네. 사람들이 제사를 지낸 까닭이 바로 그 때문이었지.

나는 이런 생각을 바로 잡아야겠다고 생각했네. 그래서 《순자》를 쓰면서 '하늘(자연)에 관한 논의'라는 뜻을 가진 '천론天論'이라는 글을 지었네. '천론'에서 나는 사람들은 일식이나 월식, 때아닌 폭풍우, 생각지도 않은 별이 나타나는 현상을 괴상하게 여기는 것은 이해할 만하지만 두려워할 일은 아니라고 말했네. 그런 것은 그저 사람과 상관없이 일어나는 자연현상일 뿐이기 때문이지.

따라서 하늘의 현상에 의존하기보다 인간이 노력하고 올바른 정치를 펼쳐야 한다고 주장했다네. 커다란 재난이 계속해서 일어나도 사회가 안정되고 준비가 철저하다면 걱정할 일이 아니기 때문이지. 오히려 중요한 것은 사람의 능동적 노력과 준비라네. 가뭄과 홍수가 들어도 미리 저수지를 만들어 충분한 물을 가둬놓고 튼튼한 제방을 쌓아놓았다면 무엇이 무섭고 두려워할 까닭이 어디에 있겠는가?

나는 하늘은 하늘대로 사계절의 운행이 있고, 땅은 땅대로 만물을 낳고, 사람은 사람대로 마땅히 다스려야 할 일이 있음을 강조했네. 즉 인간은 하늘이나 땅과 같은 자연과 독립된 존재로서, 오히려 하늘과 땅의 법칙을 잘 헤아리고 이해해서 그것을 활용하는 지혜가 필요하다는 것이라네. 자연은 만물을 만들었지만 다스리는 것은 인간이라는 뜻이지. 그리고 이런 인간의 위대한 능력을 나는 '능참能參'이라고 불렀다네.

그런데 자네는 지금 동물에 속하는 강아지를 마치 사람처럼 생각하고 가족처럼 대할 방법을 고민하는 것으로 보이네. 잘 생각해 보게나. 사람은 사람으로 돌봐야 하고 동물은 동물로서 다루어야 하지 않겠나? 물론 동물도 감정을 느끼겠지. 주인을 봤을 때 꼬리를 치며 반가움을 전하고, 낯선 이를 봤을 때는 경계심을 느끼며 짖기도 하지. 또 동물을 키워본 사람들이 얘기하길 말로 표현할 수 없는 깊은 교감을 느낀다지. 허나 그렇다고 해서 동물이 사람과 같은 대우를 받을만한 자격이 생겼다는 것은 아니지 않은가.

이것은 사람과 동물이 당연히 차별을 받아야 한다는 의미가 아닐세. 오히려 사람의 기준으로 동물의 감정과 생활을 판단하는 것 자체가 이기적인 생각이라는 거지. 자네는 강아지에게도 사람처럼 목욕을 시켜 위생적으로 키우고 싶고, 대소변을 가리지 않는 강아지에게 사람처럼 대소변을 가릴 것을 원하고 있네. 하지만 이런 일은 강아지를 위한 것이 아니라 바로 자네를 위한 것이라네. 동물로서의 강아지가 지닌 삶의 방식을 자네는 '사람처럼' 만들고자 하는 것이네. 물론 강아지와 같은 동물은 영민하니 잘 반복해서 훈련하면 대소변을 가리는 일은 충분히 가능하다는 것을 나도 잘 안다네. 그렇다면 함께 살기 위해서 적극적으로 훈련을 시킨다든가, 혹은 사람의 공간과 동물의 공간을 따로 나누는 방법들을 생각할 수 있겠지.

그러나 모든 것을 떠나서 내가 자네에게 바라는 것은 그런 방법적인 고민에 앞서서 스스로 동물을 그대로 받아들일 수 있을 것인가를 고민해 보라는 걸세. 동물을 사람의 기준으로 한없이 돌봐주고, 훈련시키고, 책임져야 할 대상으로 생각한다면 시간이 지날수록 부담이 커질 걸세. 사실 동물은 자연에서 생활하면 얼마든지 스스로 생존 가능한 강하고 독립적인 개체라네. 그러나 함께하고 싶다는 이유로 인간과 함께 산다면 동물 입장에서도 불편한 점이 많지 않겠나?

대소변을 가린다든지 물건을 어지르지 않는다든지 하는 것들 말일세. 그런데 그런 문제가 생길 때마다 동물에게 소리를 지르고 가두고 최악의 경우 귀찮다고 버린다면 그것은 애초에 시작하면 안 될 일이 아니겠는가? 혹여 그런 일이 생기더라도 '동물이 대소변을 못 가리는 것은 당연하고 내가 냄새가 나서 불편하니 치워야겠다'라는 마음으로 동물과 함께해야 한다는 것일세. 그것을 받아들일 수 있다면 강아지를 키우는 일이 뭐 그리 어려운 일이겠나? 이미 강아지가 사람과 함께 살아온 일이 어제오늘의 일이 아니지 않은가?

마지막으로 당부하고 싶은 것은 사람이든 동물이든 소중한 생명이라는 사실 앞에 평등하다는 걸세. 순간의 외로움이나 소유욕에 앞서 결정할 문제가 아니라는 것이지. 자네 부부가 동물을 동물 그대로 받아들일 수 있는 마음의 준비가 된다면 그때 생각해도 늦지 않을 걸세.

배움의 요람인 직하에서 순자가

순자가 말하는 '자연과 인간'의 차이

근본에 힘쓰고 절약하면 하늘도 가난하게 할 수 없고, 건강을 준비하고 때에 맞게 운동을 한다면 하늘도 병들게 할 수 없으며, 도를 닦아서 두 가지 마음을 품지 않으면 하늘도 재앙을 내릴 수 없다. 그러므로 홍수와 가뭄도 사람을 배고픔과 목마름에 빠뜨릴 수 없고, 추위와 더위도 아프게 할 수 없으며, 괴상한 일도 나쁘게 만들 수 없다. … 하지만 재앙이 일어나는 것이 잘 다스려진 세상과 다르다고 해서 하늘을 원망하는 것은 옳은 태도가 아니다. 이것은 사람들의 도리가 그렇게 만든 것이다. 그러므로 하늘(자연)과 인간의 구분에 밝은 사람이면 지인至人(더없이 덕이 높은 사람)이라고 할 것이다.

《순자》

순자에 따르면, 지극한 사람은 무엇보다 하늘(자연)과 사람이 맡은 직분이 다르다는 점을 제대로 밝힌 사람이다. 자연 세계에서 일어나는 현상은 인간의 힘과 능력으로 이루어지는 것이 아니라, 저절로 그렇게 되는 자연의 현상이다. 하늘은 사람과 달리 어떤 의지나 목적을 갖고 움직이는 것이 아니다. 말하자면 하늘과 인간의 직분은 다르다. 이것을 순자는 '하늘과 자연의 직분의 다름'인 천인지분天人之分이라고 말한다. 즉 인간은 하늘과 독립된 존재요, 하늘이 만물을 낳고 인간은 만물을 완성한다고 보는 것이다.

이렇게 보면 사람이 겪는 다양한 불행과 재난은 하늘의 책임이 아니라 실은 사람에게 있는 것이다. 열심히 농사지어 비축하고 비용을 절약하여 쓰면 흉년이나 가뭄 등으로 인한 굶주림을 막을 수 있고 충분히 몸을 보호하고 잘 먹고 운동하면 건강도 상하게 되지 않는다. 이러한 인간의 능동적인 활동이야말로 인간 사회에서 일어나는 수많은 문제를 해결하는 핵심이다.

따라서 인간은 인간대로, 하늘은 하늘대로 각각의 직분에 주어진 대로 충실하게 살아가면 그뿐이다. 재앙이 일어났다고 하늘을 원망해 봐야 소용없고, 전염병이 돈다고 하늘을 욕해봐야 소용이 없다. 순자는 이처럼 자연현상이 인간의 의지와 무관하게 독립적이며 인간의 삶 또한 하늘의 의지나 목적에 종속되거나 간섭받는 것이 아니라고 보았다. 순자는 오히려 이러한 자연의 객관적인 현상을 지적으로 이해하고 인간의 삶에 응용하는 것을 강조하였다. 결국 중요한 것은 자연이 아니라 인간의 행동과 실천인 셈이다.

이러한 순자의 자연관은 고대 중국에서 놀라울 정도의 합리적인 사고가 있었음을 보여준다. 그래서 오늘날의 학자 중에는 맹자보다 순자에게서 현대적인 의미가 더욱 풍부하고 현실적인 유교 사상의 방법을 찾을 수 있다고 평가하는 이들도 있다.

합리적 자연주의자,
순자

"하늘에는 하늘의 직분인 사시四時가 있고, 땅에는 땅의 직분인 자원이 있으며, 사람에게는 사람의 직분인 다스림이 있다. 인간이 자신이 참여해야 할 일을 버리고 천지의 일에 참여하고자 한다면 어리석은 일이다."

고대 중국의 전국시대의 사상가 순자는 공자와 그의 뒤를 이은 맹자와 더불어 가장 유명한 유가 사상가이다. 그는 조나라 출신으로 당시 수많은 최고의 학자들이 모여 학문을 토론했던 제나라의 가장 유명한 학술기관인 직하稷下에서 오늘날의 대학 총장에 해당하는 좨주祭酒를 세 번이나 역임했다. 그의 유명한 제자 가운데에는 법가를 종합한 한비자와 진시황을 도와 천하를 통일하는 데 일조한 이사李斯 등이 있다. 그가 남긴 말과 글을 모은 책은 《순자》로서 《순경신서荀卿新書》 혹은 《손경자孫卿子》라고도 불린다.

오늘날 순자는 맹자의 성선설에 반대하여 성악설性惡說을 주장한 것으로 유명하다. 하지만 그보다는 고대의 유가사상을 종합하고 정리한 사상가로서 그 의미가 더 크다. 대단히 합리적이고 실질적인 이론적 성향을 지녔던 순자는 한漢나라 이후 유가의 주류였으나 송나라 이후 성리학이 떨치고 일어나면서 유가의 이단자로 비판받기도 했다.

순자는 맹자와 달리 인간의 이기적 본성에 주목하여 이를 교육을 통해 변화시킴으로써 사회의 조화를 이룰 수 있다고 보았다. 특히 이러한 과정에서 성인의 중요성을 강조했다. 순자는 특히 예禮를 배우고 실천해야 한다고 했는데 인간의 본성에 합당하게 지어진 예를 통해 합리적인 지성의 사용이 가능하기 때문이라는 것이다.

또한 오늘 날 높이 평가받는 순자의 또 다른 사상으로 미신적이고 초자연적인 '하늘'을 숭배했던 당시에 하늘(자연)은 인간의 의지와 무관한 별개의 과정으로서 '하늘의 직분과 인간의 직분은 다르다'는 합리적 자연관이 있다.

참고문헌

· 에피쿠로스. 《쾌락》. 오유석(역). 문학과지성사. 1998.
· 아리스토텔레스. 《니코마코스 윤리학》. 강상진, 김재홍, 이창우(역). 길. 2011.
· 류중랑. 《단단한 사회공부》. 문현선(역). 유유. 2015.
· 자사. 《중용》. 황종원(역). 서책. 2011.
· 자사. 《중용》. 김학주(역). 서울대학교출판문화원. 1995.
· 공자. 《논어》. 김형찬(역). 홍익출판사. 1999.
· 《주역》. 심의용(역). 글항아리. 2015.
· 존 스튜어트 밀. 《자유론》. 서병훈(역). 책세상. 2005.
· 맹자. 《맹자》. 박경환(역). 홍익출판사. 2005.
· 맹자. 《맹자, 인간을 이야기하다》. 이재황(역). 이펍코리아. 2012.
· 쇼펜하우어. 《의지와 표상으로서의 세계 外》. 김중기(역). 집문당. 1995.
· 쇼펜하우어. 《쇼펜하우어 인생론 에세이》. 정준희(역). 봄북. 2015.
· 아르투어 쇼펜하우어. 《쇼펜하우어의 행복론과 인생론》. 홍성광(역). 을유문화사. 2013.
· 장자. 《장자》. 김경희(역). 이학사. 2015.
· 노자. 《도덕경》. 김홍경(역). 들녘. 2015.
· 니체. 《차라투스트라는 이렇게 말했다》. 김인순(역). 열린책들. 2015.
· 데이비드 흄. 《인간 본성에 관한 논고》. 이준호(역). 서광사. 1994.
· 한비자. 《한비자》. 이운구(역). 한길사. 2002.
· 묵자. 《묵자》. 이운구(역). 길. 2012.
· 플라톤. 《국가·정체》. 박종현(역). 서광사. 2005.

· 피터 싱어. 《이렇게 살아가도 괜찮은가》. 노승영(역). 시대의창. 2014.
· 바뤼흐 스피노자. 《에티카》. 강영계(역). 서광사. 1990.
· 미셸 푸코. 《광기의 역사》. 이규현(역). 나남출판. 2003.
· 플라톤. 《소크라테스의 변명》. 강철웅(역). 이제이북스. 2014.
· 노자, 왕필. 《노자 도덕경과 왕필의 주》. 김학목(역). 홍익출판사. 2000.
· 칸트. 《순수이성비판》. 백종현(역). 아카넷. 2006.
· 순자. 《순자》. 이운구(역). 한길사. 2006.

죽은 철학자의 살아 있는 위로

초판 1쇄 발행 2016년 5월 30일

지은이 최훈·김시천·도승연·이은지
발행인 이한우
총괄 김상훈 **기획관리** 안병현 **편집장** 허균
기획편집 김혜영, 정혜림 **디자인** 이선미 **마케팅** 신대섭

발행처 주식회사 교보문고
등록 제406-2008-000090호(2008년 12월 5일)
주소 경기도 파주시 문발로 249
전화 대표전화 02)1544-1900 **주문** 02)3156-3681 **팩스** 0502)987-5725

ISBN 979-11-5909-027-1 03100